Contes et Légendes
des Chevaux Illustres

Conforme à la loi n° 49956 du 16 juillet 1949 sur les publications destinées à la jeunesse
ISBN 209282097 - 4

PIERRE DAVY

CONTES ET RÉCITS DES CHEVAUX ILLUSTRES

Illustrations de Peggy Adam

NATHAN

I

Bucéphale, Cheval-Conquérant

Il y a bien longtemps – plus de deux mille ans –, là-bas où commence l'Orient, aux frontières de l'Empire perse et de l'Inde, sur la rive du fleuve Hydaspes, le roi Alexandre, Alexandre le Grand, Alexandre le Conquérant, vient de remporter une de ses plus grandes batailles. Il sait maintenant qu'il est invincible. Et pourtant, assis à même le sable rougi de sang, le visage dans ses mains, Alexandre pleure.

Il pleure son cheval, son cheval mort, étendu là,

à son côté. Et autour de lui, ses généraux, ses officiers, ses soldats se taisent. Malgré la joie de la victoire, malgré leur bonheur d'être en vie, ils se taisent et écoutent la plainte de leur roi.

« Ô Bucéphale, toi mon cheval de feu, toi qui m'as conduit depuis la Grèce jusqu'en ces contrées étranges, pourquoi as-tu arrêté ta course ? Comment, sans toi, pourrai-je encore aller plus loin ? Toi qui étais sans doute mon seul véritable ami, souviens-toi de ce moment merveilleux où nous nous sommes rencontrés.

Il faisait très chaud, ce jour-là, le soleil d'été brûlait les murs et les terrasses de la ville de Pella, la capitale de la Macédoine. Un marchand de chevaux, venu de Thessalie, voulait te vendre au roi Philippe, mon père. Tu étais magnifique. Ta robe noire luisait de sueur et, sur ton front, cette étrange tache blanche qui dessinait comme une tête de taureau et à laquelle tu devais ton nom : Bucéphale, Tête de Taureau !

Deux palefreniers voulurent te monter. Lorsqu'ils

essayèrent de te mettre en avant, tu te dressas tout debout et tu les jetas à terre. Un officier de la garde de mon père vint vers toi. Il était réputé pour être un des meilleurs cavaliers de Macédoine. Tu te cabras encore et tu lanças de terribles ruades, mais il était comme attaché à ton dos. Alors, tu te laissas tomber sur les genoux et il roula dans la poussière. Tu n'avais pas fait un seul pas en avant.

– Cela suffit ! dit mon père, cet animal est intraitable et ne vaut pas le centième de ce que tu en demandes, maudit Thessalien !

Je m'avançai et je dis :

– Père, laissez-moi essayer. Je crois que moi, il acceptera que je le monte.

– Tu es bien prétentieux, mon fils. Tu n'es qu'un enfant et tu veux en remontrer aux hommes !

– Je vous en prie, laissez-moi essayer.

– Soit, mais s'il te brise les os, ne viens pas t'en plaindre à moi ! »

Alexandre se tait un instant. Un grand silence, un silence terrible, règne sur le champ de bataille, là où quelques heures plus tôt hurlaient la rage et la souffrance du combat. Puis il reprend.

« Souviens-toi, Bucéphale. J'étais alors un garçon de treize ans et toi, un cheval de trois ans, presque un poulain encore. D'une certaine manière, nous avions le même âge. Après m'être approché de toi, je te parlai doucement en passant mes doigts dans ta crinière. Puis, à l'inverse des autres, je te fis tourner face au soleil. Je sautai sur ton dos. Un grand frisson parcourut tout ton corps, mais tu ne te révoltas pas. Je serrai mes jambes : tu fis un pas en avant, puis deux... Je serrai plus fort, et nous partîmes dans un galop fou à travers la plaine ; notre premier galop.

– Comment as-tu fait ? me demanda mon père lorsque je revins près de lui.

– Je lui ai mis la tête vers le soleil, pour qu'il ne voie pas son ombre.

– Il a peur de son ombre !

– Non, il n'en a pas peur. Il ne veut pas poser le pied dessus. C'est sa fierté, tu comprends ?

– Je comprends une chose, mon fils : le royaume de Macédoine ne sera pas assez grand pour toi. Il te faudra... un empire.

Je suis sûr que, ce jour-là, s'est décidé mon destin, et je te le dois, Bucéphale. Comme je te dois de l'avoir accompli. Car, si nous sommes allés ensemble si loin, si loin vers l'Orient, plus loin que jamais nul conquérant n'était allé, c'est parce que, chaque matin, tu prenais le galop vers l'est, les yeux dans le soleil levant, en laissant notre ombre derrière nous.

Huit ans nous avons chevauché à la tête de notre armée, sur des milliers et des milliers de milles. Aucun obstacle ne nous arrêtait, ni la chaleur et la soif des déserts, ni le froid et le vent des montagnes. Combien de fleuves avons-nous traversés ? Le Nil, l'Euphrate et le Tigre, le Syr-Daria et l'Amou-Daria, l'Indus[1]... Combien de villes avons-nous prises ? Halicarnasse, Tyr, Babylone et Persépolis, Markanda... Sous tes sabots, le monde

1. Pour tous les noms de pays, de villes et de fleuves, voir la carte qui retrace l'itinéraire de la conquête d'Alexandre, à la page 174 du recueil.

n'avait plus de limites. Les pays succédaient aux pays : l'Anatolie, l'Égypte, la Mésopotamie, l'Hyrcanie...

L'Hyrcanie, sur les rivages encore inconnus de la mer Caspienne ! Ce pays était peuplé de tribus à demi sauvages, dont les hommes semblaient naître, vivre et mourir à cheval. Des hommes qui croyaient que certains chevaux portaient en eux l'âme des plus braves guerriers morts au combat. Je suis sûr qu'ils ont connu ton nom, Bucéphale, avant de savoir que je m'appelais Alexandre. Une nuit, en dépit des sentinelles qui veillaient sur ton enclos, à quelques pas de ma tente, ils parvinrent à t'enlever et à t'entraîner avec eux au fond de la steppe[1].

Pour te retrouver, j'étais décidé à mettre le pays à feu et à sang, à brûler les villages et à massacrer tout être vivant qui aurait le malheur de se laisser prendre. Grâce à toi, cela ne fut pas nécessaire.

Je n'ai jamais su ce qui s'était produit pendant

1. La steppe : grande plaine de l'Europe centrale et de l'Asie.

cette nuit que tu as passée parmi eux. Ces barbares aimaient les chevaux, c'est vrai, mais qu'avais-tu fait pour qu'ils te montrent un tel respect ? Quel héros de leur peuple avaient-ils cru voir revivre en toi ? Dès le lendemain matin, une cinquantaine d'entre eux se présenta à notre camp. Tu marchais à leur tête, libre, et portant le harnachement le plus somptueux, le plus riche que je n'avais jamais vu. Tu vins à mon côté et le chef des Hyrcaniens s'inclina devant nous. Dans un long discours, il jura au nom de son peuple qu'il ne s'opposerait plus au passage de notre armée et qu'il nous aiderait de tout son pouvoir à poursuivre notre marche vers l'Orient.

Cependant – les officiers et les soldats qui étaient présents en sont témoins – ce n'était pas à moi qu'il s'adressait et qu'il se soumettait, mais à toi, Bucéphale ! »

Bien que la nuit soit maintenant venue sur les rives de l'Hydaspes, Alexandre ne semble pas s'en rendre compte. Une force plus puissante que sa volonté le contraint à demeurer là, là où son cheval est tombé. Les soldats ont allumé des torches et, dans un grand cercle de lumière, leur roi continue son monologue désespéré.

« Tu es mort, Bucéphale, et ce sera ma dernière bataille. Dans les siècles à venir, les poètes diront : Alexandre a conquis l'immense Empire perse. De bataille en bataille, de victoire en victoire, contre des armées dix fois plus nombreuses que la sienne, il a contraint le Grand Roi Darius à fuir toujours plus loin vers l'est. Et quand celui-ci fut définitivement vaincu, Alexandre décida d'ajouter les royaumes de l'Inde à son nouvel empire.

Oui, on dira : les batailles d'Alexandre ! Mais, en dépit de tout mon orgueil, je sais que, chaque fois, c'est toi, mon cheval, qui en as fait des victoires. De la première charge à la dernière poursuite, tu ne faiblissais pas un seul instant. Avec l'instinct d'un grand général et avant que moi-même j'aie eu le temps d'y réfléchir, tu m'entraînais là où je devais être. Au premier rang de ceux qui avaient percé les lignes ennemies, aux côtés de ceux qui faiblissaient, derrière ceux qui étaient tentés de reculer. Bien sûr, tous les soldats connaissaient ma cuirasse d'or et le cimier blanc de mon casque, mais ils reconnaissaient surtout ta grande crinière noire et la tache claire de ton front. À ta vue, les plus hésitants retrouvaient leur bravoure et repartaient de l'avant.

Dans la bataille d'aujourd'hui, ton courage a fait davantage que me donner la victoire, il m'a sauvé la vie. L'armée indienne du roi Porion était en déroute, mais les éléphants bardés de fer, telles des forteresses vivantes, résistaient encore. Nos cavaliers, impressionnés par ces animaux monstrueux, restaient à distance. J'ai commandé la charge et, à ton habitude, tu n'as laissé personne te devancer. Ton galop m'a entraîné vers la bête qui paraissait la plus redoutable mais le fer de ma lance a juste égratigné sa peau de cuir épais. Sur son dos, dans une sorte de tour de bois, trois archers décochaient flèche sur flèche. L'une d'elles allait m'atteindre et je ne pouvais plus rien faire pour l'éviter. Alors tu t'es dressé vers le ciel et tu l'as arrêtée de ton poitrail... »

Alexandre a posé son front sur l'encolure du cheval à terre et aucun de ceux qui l'environnent ne peut plus entendre ce qu'il murmure pour lui seul.

« L'aventure est finie, Bucéphale. Dès demain, je reprendrai le chemin de la Macédoine et de la Grèce. Je ne veux pas aller plus avant et jamais je ne verrai les rivages de la mer du Levant, là où l'on dit que les dieux ont tracé les limites du monde. Moi, je ne suis qu'un homme, un roi qui voulait se tailler un empire. Je l'ai fait comme un paysan élargit son champ, comme un épicier agrandit sa boutique. Mais l'aventurier, c'était toi. Parce que tu étais un cheval, parce que tu étais libre et que ton seul souci était de traverser les fleuves pour savoir ce qu'il y avait sur l'autre rive, et de franchir les montagnes pour découvrir ce qu'elles cachaient. »

Le général Ptolémée, un des plus fidèles compagnons du roi, s'avance vers Alexandre et l'aide à se relever.

– Ptolémée, dit-il, je veux que dès demain on construise un grand tombeau de pierre pour mon cheval et, autour, nous bâtirons une ville nouvelle.

– Oui, seigneur. Et, comme les dix villes que tu as déjà créées tout au long de notre route, nous la nommerons Alexandrie.

– Non, Ptolémée. Celle-ci marquera le point extrême de la marche d'Alexandre, mais elle s'appellera Bucéphalie.

II

INCITATUS, CHEVAL-EMPEREUR

MOI, CHEREA, officier de la légion des prétoriens[1] de Rome, je vais être exécuté demain pour avoir commis deux meurtres. J'ai assassiné Caligula, l'empereur, et j'ai tué Incitatus, son cheval. Que les dieux me pardonnent, il fallait que cela fût accompli et c'est moi qui devais le faire. Le sommeil me fuira cette nuit : je n'ai pas de regrets et, si j'écris ces lignes, c'est pour qu'on sache la vérité.

---

1. Prétoriens : soldats de la garde personnelle de l'empereur.

Il y a vingt-cinq ans, en l'année 768[1] après la fondation de Rome, je n'étais encore que simple légionnaire[2] dans une garnison, au bord du Rhin. Notre général était la terreur des Barbares germains et, dans tout l'Empire, on le connaissait sous le nom de Germanicus. Nous l'aimions comme un père, et nous aimions davantage encore son fils qui venait d'avoir quatre ans et qui le suivait partout. Il s'appelait Caius, mais nous lui avions donné un petit nom : Caligula. En latin, cela signifie « petite godasse ». Je crois que, déjà, il n'appréciait guère ce surnom, pourtant nous n'avions pas l'intention de nous moquer de lui. La *caliga*, c'est la chaussure du légionnaire et, pour nous, Caligula, cela voulait dire « petit soldat ».

Un jour, à Mayence, Germanicus passait notre cohorte[3] en revue avec, comme d'habitude, son fils à son côté. Je m'aperçus que la lanière de sa

---

1. 768 après la fondation de Rome correspond à l'an 16 de notre ère.

2. Légionnaire : simple soldat de l'armée romaine.

3. Cohorte : dans l'armée romaine, une cohorte comptait 600 hommes. Il y avait dix cohortes dans une légion.

sandale était défaite. Au risque de me faire punir, je sortis des rangs et, agenouillé devant lui, je refis le nœud. Le général fronçait les sourcils, mais l'enfant dit :

– Comment t'appelles-tu ?

– Cherea.

– Je m'en souviendrai. Plus tard, je serai un grand général et toi seul, tu entends, toi seul auras le droit de m'appeler Caligula..

Beaucoup d'années passèrent. Quand je le revis, il avait dix-neuf ans. Ses parents et ses deux frères aînés avaient disparu de manière assez mystérieuse, disait-on, et il vivait à Capri, au palais de son grand-oncle, l'empereur Tibère. Moi, j'étais devenu centurion[1] et j'avais été nommé dans la garde du palais.

Un après-midi, alors que Tibère inspectait la garde en compagnie du jeune Caius, celui-ci me reconnut et me convoqua le soir même dans ses appartements.

---

1. Centurion : officier romain qui commandait à cent hommes.

– Bonsoir, Cherea.

– Bonsoir, Caligula.

Je vis son visage se crisper, mais, tout aussitôt, il éclata de rire.

– C'est vrai ! j'avais oublié : toi seul as le droit. Mais n'en abuse pas, je n'ai jamais beaucoup aimé qu'on m'appelle ainsi.

Puis il redevint sérieux et posa sa main sur mon épaule.

– Cherea, il faut que tu me rendes un service. Trouve-moi un cheval.

– Mais, seigneur, il y a une centaine de chevaux au palais.

– Je le sais. Mais je veux un cheval qui soit à moi. Je veux mon cheval ! Tu comprends ?

– Oui, je comprends.

Il disait : je veux, comme lorsqu'il avait quatre ans et je ne pouvais faire autrement qu'obéir. Pour mon malheur, et pour le malheur de Rome, je découvris le cheval. J'étais allé, pour cela, jusque dans les collines d'Ombrie où sont élevés les plus beaux chevaux d'Italie. Aussitôt, je le vis.

Un peu à l'écart du troupeau qui, en cet après-midi d'été, paissait ou somnolait, il était le seul attentif, droit sur ses membres, l'encolure relevée, les oreilles pointées dans notre direction. Deux garçons d'écurie allèrent le chercher. À leur approche, il se cabra à plusieurs reprises. Les hommes reculèrent. Comme s'il était satisfait de les avoir effrayés, c'est lui qui s'avança vers eux et se laissa passer le licou.

On l'amena devant moi. Il était splendide. Beaucoup de chevaux blancs laissent deviner le rosé de la peau sous le poil ; le blanc de sa robe, à lui, avait des reflets bleutés et, chose étrange, les crins de sa queue et de sa crinière devenaient presque noirs aux extrémités.

– Quel âge a-t-il ? demandai-je.

– Il a trois ans. Il est encore entier.

– Il se laisse monter ?

– Pour dire vrai, il n'accepte que les bons cavaliers ; les autres ne peuvent même pas l'approcher.

– Pourquoi ne l'as-tu pas encore vendu ?

L'éleveur eut un air gêné pour me répondre.

– Tu n'as pas remarqué ?

– Non, quoi ?

– Il a les yeux vairons...

Le cheval me présentait son côté gauche. Je fis quelques pas pour m'approcher, tout en restant à bonne distance. Son œil était d'un bleu très clair, tirant sur le gris, un gris froid. Après l'avoir contourné, je pus constater que son œil droit était d'une chaude couleur de noisette.

– J'ai vu cela, une fois, chez un homme, dis-je. C'est curieux, mais ce n'est pas laid.

– On dit que ça porte malheur...

Je me contentai de hausser les épaules.

Dès leur première rencontre, je vis naître entre le cheval et Caligula ce qui était davantage une complicité qu'une amitié et, dès cet instant, j'eus l'impression que l'animal, sous son apparente soumission, imposait sa volonté au jeune homme.

– Cherea, dit celui-ci, comment mon père appelait-il ses soldats, là-bas sur le Rhin, quand j'étais petit ?

– Il disait « *Incitati filii* », mes fils que je pousse en avant.

– Oui, c'est cela. Alors, il s'appellera Incitatus, celui que je pousse en avant !

Le cheval nous regardait de son œil noisette, paisible et caressant. Caligula sauta en selle et il obtint tout ce qu'il voulait de sa monture. Il était bon cavalier, c'est vrai, pourtant j'étais certain que la bête, en se laissant maîtriser, avait une arrière-pensée. Vous allez croire que je suis fou, mais il me sembla qu'elle savait que celui qui la montait était le futur empereur de Rome.

Six ans plus tard, en l'an 789[1] de Rome, Tibère mourut en sa quatre-vingt-quinzième année et Caius César Auguste, que personne d'autre que moi n'osait plus appeler Caligula, devint empereur. Il avait vingt-cinq ans. Je fus immédiatement nommé officier supérieur de la garde des prétoriens, chargée de veiller sur la vie de l'empereur.

---

1. 789 : an 37 de notre ère.

Alors que Caligula n'était encore qu'un adolescent, Thrasyllos, l'astrologue de Tibère, avait dit, en parlant de lui : « Ce pauvre garçon n'a pas plus de chance de devenir empereur que de traverser à cheval la baie de Baiae. » C'est pourquoi, dès qu'il fut devenu le maître de l'Empire, Caligula rassembla les sénateurs et déclara publiquement :

– Thrasyllos était un vieux fou. Je suis empereur et je traverserai la baie de Baiae à cheval !

Il fit construire un immense pont de bateaux qui traversait les trois mille six cents pas de la baie et le fit recouvrir d'une chaussée de terre. Ce fut un travail colossal pour lequel s'épuisèrent des milliers d'esclaves. Le jour venu, devant une foule énorme rassemblée sur la côte et dans des barques, l'empereur, monté sur Incitatus, s'avança sur cette voie mouvante. Je le suivais à cent pas avec quelques soldats. Croyez-moi : Caligula tremblait comme une feuille, car il n'avait jamais su nager et avait une peur panique de l'eau. Mais le cheval, le cheval ! Il s'engagea sur le pont en caracolant comme à la parade et en piaffant de plaisir. C'est lui qui, d'un bout à l'autre, entraîna son cavalier. Et – je le sus plus tard par beaucoup de témoins – c'est à Incitatus que les spectateurs hurlaient leurs vivats et leurs encouragements.

Dans la deuxième année de son règne, Caligula conduisit l'armée jusqu'à Boulogne, au bord de la Manche. Il était décidé à réussir là où le grand Jules César avait échoué jadis : l'invasion de l'île de Bretagne[1]. Mais la mer était mauvaise et les bateaux beaucoup trop fragiles, si bien que les légionnaires refusèrent d'embarquer. Alors, fou de colère, et pour les punir, l'empereur ordonna que les soldats se mettent à genoux sur la plage et ramassent des coquillages dans leurs casques.

– Vous n'êtes pas des hommes, hurlait-il, mais des enfants peureux ! Alors, jouez comme des enfants !

Chevauchant Incitatus, il parcourut deux fois la grève d'un bout à l'autre, au grand galop. Cette

1. L'île de Bretagne, que nous appelons maintenant la Grande-Bretagne.

fois encore, j'étais à quelques pas derrière lui et j'aurais voulu lui crier qu'il était en train de commettre une erreur impardonnable en humiliant cette armée qu'il aimait et qui l'adorait, lui, le fils de Germanicus ! Mais il était trop tard, car le cheval, le cheval ! Il ne cherchait pas à éviter les hommes agenouillés. Tout au contraire, il se précipitait sur eux, les obligeant à ramper dans le sable pour éviter le choc de ses sabots, changeant continuellement de trajectoire pour les affoler. Depuis longtemps son cavalier lui avait laissé les rênes libres, lui permettant de poursuivre son jeu diabolique et y prenant lui-même plaisir.

Ce jour-là, je compris qu'Incitatus était devenu le mauvais génie de l'empereur, qu'il excitait son orgueil et sa cruauté. Mais je ne savais pas encore que son pouvoir ne s'arrêtait pas là. Un événement, pourtant, aurait dû éveiller mes soupçons.

Caligula avait vu toute sa famille disparaître, mais il lui restait une sœur, Drusilla. Elle était belle et douce, et l'amour qu'il lui portait allait bien plus loin que l'affection qu'habituellement un frère éprouve pour sa sœur.

De retour à Rome, il voulut lui montrer Incitatus. Elle n'aimait pas les chevaux et en avait peur, mais elle ne savait rien lui refuser. Ils entrèrent dans l'écurie, et j'ai pu observer la scène depuis la porte. Un long moment, Incitatus resta immobile, puis lentement il tourna la tête et, longuement, très longuement, il la regarda de son œil clair. Ce fut tout.

Quatre jours plus tard, elle mourut d'une maladie mystérieuse qu'aucun médecin ne connaissait. La seule chose qu'ils surent dire, c'est que son sang s'était comme glacé dans ses veines. Si je n'avais pas été là, Caligula se serait tranché la gorge au-dessus du lit mortuaire de sa sœur et, dès lors, toute la passion qu'il éprouvait pour elle, il la reporta sur son cheval. Il lui fit construire un palais qu'une galerie secrète reliait au sien. Incitatus avait une écurie de marbre doublée de cuir et décorée de tentures de soie. Sa mangeoire était en ivoire et le râtelier en argent, ainsi que l'abreuvoir. La litière était faite de fins copeaux de cèdre importés du Liban. Plus de dix personnes veillaient sur son confort et, la nuit, des soldats montaient la garde aux alentours pour qu'aucun bruit ne vînt troubler son sommeil.

À proximité de l'écurie, il y avait une grande salle de réception où, chaque jour, des visiteurs de haut rang étaient convoqués pour venir saluer Incitatus et prononcer quelques mots en son honneur et à sa gloire. Une fois, l'un des consuls n'ayant pas été assez admiratif dans son discours, Caligula lui ordonna de demander pardon à l'animal et le menaça de nommer celui-ci consul à sa place.

Caius César Auguste régna quatre ans. Un règne de terreur. Il se passait peu de jours sans qu'un nouveau meurtre ne fût commis sur son ordre. Chacun se demandait comment l'aimable jeune homme qu'était Caius avait pu devenir l'empereur le plus cruel et le plus monstrueux que Rome eût jamais connu. On disait qu'il était devenu fou. Peut-être. Mais celui dont on ne parlait pas et qui était le véritable monstre, moi je savais que c'était l'autre : Incitatus, le cheval.

Les conseillers de l'empereur, ses confidents, ceux mêmes qui se croyaient ses favoris, étaient un jour ou l'autre accusés de trahison, de complot, exécutés ou acculés au suicide. Je me suis senti moi-même souvent menacé. Mais j'avais un privilège qui désarmait la folie de l'empereur : je pouvais l'appeler Caligula.

Le vrai pouvoir d'Incitatus, j'en fus certain grâce à un vieil esclave germain qui était à son service et dont l'étroite cellule n'était séparée de l'appartement de l'étalon que par une mince cloison. Il y avait creusé un trou à travers lequel il pouvait observer sans être vu. Il m'aimait bien et, un jour, il me fit partager son secret.

Tous les soirs, Caligula venait rendre visite à son cheval. L'empereur s'asseyait sur la litière, le dos appuyé à la paroi, et Incitatus, debout, lui faisait face. L'homme parlait, parlait, racontant ses soupçons, ses peurs, ses haines, et le cheval écoutait ; oui, je vous le jure, il écoutait !

Lorsque l'empereur se taisait, Incitatus approchait et, lentement, tournait la tête sur la droite ou sur la gauche, présentant soit son œil brun, soit son œil clair.

Il me fallut un mois d'observation pour être sûr de ne pas me tromper. Chaque fois que le cheval l'avait regardé de son œil gris et froid, le lendemain l'empereur ordonnait la mort d'un homme !

J'ai hésité longuement avant de prendre ma décision. C'était à moi, Cherea, de libérer Rome et l'Empire de ces deux êtres malfaisants que j'avais contribué à réunir. Je n'eus aucun mal à trouver des complices : trop d'hommes – officiers, chevaliers, sénateurs – craignaient pour leur vie.

Pour Caligula, cela ne présenta aucune difficulté. Dans la tribune impériale, il assistait aux jeux du cirque. J'envoyai vers lui un esclave qu'il connaissait et qui lui dit :

– Cherea te fait dire qu'Incitatus a été blessé.

Sans même prendre le temps de donner l'ordre à sa garde germaine de le suivre, il se rua dans le souterrain qui relie le cirque au palais. Et là, c'est moi qui l'ai frappé le premier de mon poignard.

Pour le cheval, ce fut horrible. Nous entrâmes à dix dans l'écurie de marbre. Quatre sont maintenant entre la vie et la mort, la tête ou les membres fracassés. Et pendant que les autres le perçaient de coups, Incitatus ne cessa pas un seul instant de me fixer de son œil glacé.

Demain, je vais mourir. Claude, le nouvel empereur, ne me pardonnera pas mon crime. Pour lui, je ne suis qu'un assassin et ce que j'ai fait, je pourrais le refaire. Moi, je suis le seul à savoir vraiment par qui j'ai été condamné.

III

BAYART, CHEVAL-FÉE

CE N'EST PAS moi, pauvre troubadour qui vais de château en château conter les hauts faits des héros, ce n'est certes pas moi qui médirais de l'empereur Charlemagne. Chacun connaît sa sagesse et sa bravoure. Mais ce récit, que je tiens de poètes bien plus avisés que moi, vous montrera combien il fut injuste et cruel envers le preux chevalier Renaut de Montauban, ses frères et leur merveilleux cheval Bayart.

Le comte Aymon des Ardennes avait quatre fils, Alhard, Renaut, Guichard et Richard. Personne n'aurait su dire lequel était le plus brave et le plus vigoureux, mais c'est assurément Renaut qui avait le plus grand sens de l'honneur et de la fidélité.

Ils n'avaient pas grand château et ne tenaient pas grand territoire, mais possédaient un bien mille fois plus précieux : le cheval Bayart, le plus étonnant destrier[1] connu chez les chrétiens et même chez les païens. Ce cheval possédait des talents qui n'étaient point de ce monde ordinaire.

Quand les quatre frères eurent tous atteint l'âge convenable, le comte Aymon les conduisit au palais de Charlemagne pour que celui-ci les armât chevaliers selon la coutume. La fête fut magnifique. Les douze pairs, ceux que l'empereur considérait comme ses égaux, étaient présents. Ogier, Turpin, Roland son neveu, Olivier et les autres. Il y eut un grand tournoi au cours duquel les quatre frères Aymon, tour à tour montant le cheval Bayart, firent mille prouesses que l'empereur fut le premier à applaudir.

1. Destrier : cheval de bataille d'un chevalier.

Le soir même, après le banquet, les seigneurs étaient rassemblés dans les grandes salles du palais pour y discuter, écouter le ménestrel[1] ou se distraire à différents jeux. Dans le renfoncement d'une fenêtre, Renaut jouait aux échecs avec Hermenfroy, le filleul bien-aimé de l'empereur. Ce dernier avait un peu trop bu pendant le repas et, voyant que Renaut allait gagner pour la deuxième fois, il se dressa, jeta l'échiquier à terre et gifla son adversaire.

Dans le monde des chevaliers, une telle injure était impardonnable, mais Renaut se domina et ne riposta pas car il avait trop de respect pour l'empereur. Cependant, il alla le trouver et dit :

– Sire, votre filleul vient de me faire grande insulte en me frappant en public. Je demande réparation en un combat loyal.

Charlemagne avait deux grands défauts : il était coléreux et on verra plus tard qu'il était aussi rancunier. Il se leva, furieux, et cria :

1. Ménestrel : poète et chanteur qui allait de château en château.

– Par le Seigneur Dieu, je viens juste de t'armer chevalier et tu oses chercher querelle à mon filleul !

À son tour, il frappa Renaut au visage. Le jeune homme, encore une fois, conserva son sang-froid mais il décida qu'il ne resterait pas un instant de plus au palais. Au moment où il atteignait la porte, Hermenfroy se planta devant lui en ricanant et lui lança :

– Adieu, beau chevalier !

Cette fois, la colère submergea Renaut. Il se saisit d'un grand plateau d'argent qui était posé sur une table et l'écrasa sur la tête de l'insolent. Le coup fut si violent que la cervelle lui jaillit des oreilles et que les yeux et les dents lui tombèrent du visage. Il s'effondra raide mort sur les dalles. Le silence complet se fit dans la salle et on n'entendit que la voix de Charlemagne qui, depuis son trône, hurlait :

– Saisissez-vous de ce traître et qu'on le pende immédiatement !

Personne ne réagit assez vite et déjà Renaut était dans la cour d'honneur au milieu de laquelle le cheval Bayart tout harnaché et sellé l'attendait, comme s'il avait mystérieusement su que son maître était en grand péril. Sans qu'aucun commandement ne lui fût donné, il s'élança vers une poterne[1] qui était restée ouverte et, d'un bond inimaginable, franchit le fossé du château. Avant même qu'un seul homme d'armes, sur la muraille, eût pu bander son arc, ils avaient disparu dans le soir qui tombait.

Depuis Aix-la-Chapelle, où se trouvait le palais de l'empereur, jusqu'au pays de Bar, où Aymon des Ardennes avait son château, il y avait plus de quarante lieues[2]. Cette distance considérable, le cheval Bayart la parcourut en une seule traite, au plus profond d'une nuit sans lune, sans se heurter au moindre obstacle, sans jamais s'écarter du chemin le plus direct.

Au château, Renaut trouva sa mère à laquelle il conta l'affaire.

– Mon pauvre enfant, dit-elle, ne reste pas une

1. Poterne : porte secrète dans le rempart d'un château.

2. Une lieue équivaut environ à quatre kilomètres.

minute de plus en cette demeure. C'est d'abord ici qu'ils viendront te chercher.

– Ils ne pourront pas prendre le château d'assaut. Nous nous défendrons ! Mon père...

– Ton père ne te portera pas secours. Comme tous les seigneurs, il a juré fidélité à l'empereur et rien ne lui fera trahir sa parole. Va, mon fils, enfuis-toi pendant qu'il en est temps encore !

Renaut sentit son cœur se fendre de tristesse. Il s'approcha de Bayart qui, semblant comprendre sa peine, appuya longuement sa tête sur l'épaule de son maître. Puis, tous les deux, ils s'éloignèrent et s'enfoncèrent bientôt dans la forêt profonde des Ardennes.

Pendant des années, en dépit des reproches de ses barons, Charlemagne poursuivit de sa haine Renaut et ses trois frères qui avaient courageusement choisi de partager son sort. Avec quelques chevaliers et quelques hommes d'armes fidèles, ils fuyaient à travers tout le royaume, pourchassés par une armée de plus de deux mille hommes.

La nuit, épuisés, ils dormaient dans des campements de fortune. Seul Bayart, que Renault laissait libre, veillait et, au premier danger, les alarmait de ses hennissements.

Vingt fois ils faillirent être encerclés et pris. Mais chaque fois, le cheval les sauva. L'animal semblait sentir les pièges, les embuscades, deviner les ruses de l'ennemi. Même dans les régions inconnues, il paraissait connaître les chemins les plus écartés, les sentiers les plus secrets.

Charlemagne enrageait ; si bien qu'un jour, désespérant de se saisir d'eux, il fit ce qu'aucun chevalier n'aurait fait sans perdre l'honneur. Sous prétexte de conclure la paix et après avoir juré qu'ils étaient dans la sauvegarde de Dieu, il fit venir les frères Aymon, seuls, à pied et sans armes, sur les bords de la Garonne. Dès qu'il les vit à sa merci, l'empereur s'exclama :

– Je vous tiens, maudits chiens ! Je n'attendrai pas ce soir pour vous pendre ! (Et s'adressant à ses arbalétriers :) Transpercez ces traîtres, ces criminels !

Le temps d'un instant, les quatre frères crurent que c'en était fini d'eux. Ils recommandaient leur âme à Dieu quand une chose fantastique se produisit.

Surgi on ne sait d'où, Bayart, fendant les rangs des soldats, vint s'arrêter près des quatre frères. Renaut sauta sur son dos, puis Alhard, puis Guichard et enfin Richard. Quatre hommes sur un cheval, c'est impossible ! Non. Car chaque fois qu'un des frères Aymon l'enfourchait, le cheval s'allongeait, devenant plus fort, plus puissant. Et les soldats de Charlemagne, épouvantés et émerveillés, virent cette bête gigantesque franchir de nouveau leurs rangs et s'éloigner dans un galop d'Apocalypse. Beaucoup d'entre eux jurèrent par la suite l'avoir vu voler. On commença à murmurer que Dieu devait y être pour quelque chose et que, si ce n'était pas Dieu, ce pourrait bien être le Diable car il fallait être l'un ou l'autre pour avoir créé un tel cheval, un cheval-fée.

Quelques années plus tard, pour mettre fin à cette querelle, Renaut proposa de lutter en combat singulier[1] avec le plus valeureux parmi les pairs, le chevalier Roland. Ils se rencontrèrent dans une prairie des bords de Loire, au printemps. Renaut montait Bayart et Roland chevauchait Vaillantif, un autre cheval de rêve dont il me faudra, un jour, vous conter l'histoire.

Le combat dura une journée entière. Les deux héros avaient leur heaume[2] défoncé, leur écu pourfendu, leur cotte de mailles déchirée. Ils perdaient leur sang par plus de vingt blessures. Sous eux, leurs chevaux allaient tomber d'épuisement lorsque Roland dit à Renaut :

– Compagnon ! Aucun de nous ne pourra vaincre l'autre et nos chevaux mourront si nous poursuivons ce combat. Au nom de Vaillantif et de Bayart, je vous donne mon amitié.

Renaut jeta son heaume et son épée et répondit :

– Sire Roland, je vous donne mon amitié !

---

1. Combat singulier : duel entre deux chevaliers pour régler une dispute. On donne raison au vainqueur.

2. Heaume, écu, cotte de mailles : pièces de l'équipement d'un chevalier du Moyen Âge qui correspondent au casque, au bouclier et à la cuirasse.

Les deux destriers se firent face, inclinèrent leur encolure comme pour se saluer et chacun regagna son camp.

Malgré cela, cette guerre dura encore dix ans. Charlemagne n'accepta de faire la paix qu'à deux conditions : Renaut de Montauban dut partir pour un long, très long pèlerinage à Jérusalem d'où il ne revint jamais. Ses trois frères, pour obtenir le pardon de l'empereur, durent se faire moines.

Cependant, Charlemagne poursuivit le cheval Bayart de sa haine. Il savait que, sans lui, jamais Renaut et ses frères ne lui auraient tenu tête aussi longtemps. Quand il l'eut en sa possession, il le fit juger par un tribunal et condamner à mort pour sorcellerie, comme s'il s'agissait d'un être humain. Lorsque l'archevêque prononça la sentence, Bayart hocha longuement la tête : comment ces pauvres hommes pouvaient-ils être assez fous pour juger un cheval !

Un matin d'hiver donc, on amena la bête sur un pont de la Meuse. On lui entrava les membres avec des chaînes et on lui attacha une énorme meule de moulin au cou. On le précipita dans la rivière.

La foule rassemblée sur les berges se signa et pleura à ce crime, lorsque soudain, là-bas en aval, sur une grève de galets, au premier coude de la rivière, tous purent voir le cheval Bayart, libre de ses liens, sortir de l'eau, s'ébrouer longuement et jeter un regard terrible vers Charlemagne, immobile et stupéfait sur le pont. D'un bond magnifique, il escalada la berge et disparut pour toujours dans la grande forêt des Ardennes.

IV

MORZILLO, CHEVAL-DIEU

AVANT L'ARRIVÉE des Conquistadores[1] espagnols, les Indiens du Mexique ne savaient point ce qu'était un cheval et il n'y avait évidemment pas de mot dans leur langue pour désigner cet animal. Dans leurs légendes cependant, on racontait qu'un jour, le grand dieu Quetzalcoatl leur enverrait des êtres extraordinaires, venus de la mer.

C'est pourquoi, lorsqu'en 1519 Hernán Cortés

1. Conquistadores : nom que l'on donne aux Espagnols qui ont conquis l'Amérique Centrale et l'Amérique du Sud, une trentaine d'années après la découverte de l'Amérique par Christophe Colomb.

et sa petite armée débarquèrent, les Indiens aztèques furent moins impressionnés par les hommes, malgré leurs armures et leurs armes à feu, que par les seize chevaux qui les accompagnaient. Ces êtres leur parurent à la fois terrifiants et merveilleux. Parmi eux, Morzillo, le cheval de Cortés lui-même, souleva leur admiration et leur crainte. C'était un étalon andalou, noir comme l'ébène, dont le corps ne semblait faire qu'un avec celui de son cavalier.

Un an plus tard, malgré leur petit nombre, les Espagnols avaient vaincu l'empereur des Aztèques. Dans les batailles, à la seule vue des chevaux, les guerriers indiens s'enfuyaient, pris de panique. Cortés, au nom du roi d'Espagne, devint le maître du Mexique.

Mais un conquérant n'est jamais satisfait de ses conquêtes et, en 1524, Cortés se lança dans une expédition périlleuse, vers le sud, vers les forêts encore inconnues du Honduras. À la tête de ses aventuriers, il chevauchait Morzillo.

Un matin, alors qu'ils étaient sur le territoire des Indiens itzas, leur troupe approcha de leur ville principale, une magnifique cité construite sur une île, au milieu d'un lac.

Pas plus que les Aztèques, les Itzas n'avaient jamais vu d'hommes blancs et, pour eux, un cheval était un animal inconnu ; mais ils étaient curieux et hospitaliers. Dès qu'ils aperçurent les Espagnols, leurs plus hauts personnages traversèrent le lac dans de grandes pirogues aux couleurs vives et vinrent saluer les arrivants. Ceux-ci étaient accompagnés de quelques Aztèques qui déjà parlaient un peu l'espagnol : on parvint donc à se comprendre. Les Indiens invitaient aimablement le chef des étrangers à visiter leur ville où, disaient-ils, il y avait des temples magnifiques. Ils l'appelaient Tayasal.

Les compagnons de Cortés lui déconseillèrent vivement de s'y aventurer. Ils redoutaient un piège, car pour eux, tous les Indiens étaient des ennemis. Le Conquistador était plus avisé et, puisque ceux-là se montraient pacifiques, il estima qu'il valait mieux les satisfaire. Il décida donc de les suivre, mais par prudence il se fit accompagner de vingt soldats et, comme les chevaux paraissaient impressionner fortement les indigènes, il exigea qu'on emmenât aussi Morzillo.

Il n'est pas aisé d'embarquer un cheval sur une pirogue, mais Morzillo, comme s'il comprenait le rôle qu'il avait à jouer, y parvint en gardant une parfaite dignité.

La ville occupait toute la surface de l'île ; elle était parcourue de rues dallées et de canaux qui permettaient aux pirogues de pénétrer jusqu'au centre. Les temples, les palais, les ponts étaient construits de pierre noire et luisante ; ils étaient majestueux, mais un peu sinistres. Les maisons d'habitation, en revanche, étaient de bois peint aux mêmes couleurs que les pirogues.

Les Itzas guidèrent leurs invités à travers la ville, en un long cortège. Les habitants étaient tous sortis de leurs demeures et s'exclamaient de surprise en voyant passer les soldats bardés de fer, mais leur admiration se faisait silencieuse et respectueuse à la vue de Morzillo qui, au pas de parade, frappait ses sabots ferrés sur les pavés.

– *Tziminchec ! Tziminchec !* murmuraient-ils, comme une prière.

Les Espagnols se lassèrent vite de cette visite. Ce qui avait poussé ces hommes à risquer leur vie sur l'océan et à affronter les dangers d'un continent inconnu était, avant tout, leur soif de l'or. L'Or ! Ils ne rêvaient que de cela, et manifestement ce métal était très rare à Tayasal.

Cortés donna donc le signal du retour et c'est au moment de l'embarquement que se produisit la catastrophe. Une passerelle trop fragile céda sous le poids de Morzillo, une longue écharde de bois pénétra sous l'un de ses sabots et se brisa dans la chair.

Morzillo ne pouvait plus poser le pied au sol. Il était impossible dans ces conditions de le faire monter dans la pirogue et, de toute manière, il ne pouvait plus suivre l'expédition vers le Honduras. Un des soldats, qui avait quelques connaissances vétérinaires, le confirma. On pouvait extraire la pointe de bois, mais le cheval ne pourrait pas marcher avant, au mieux, dix jours.

– Il faut l'abattre, dit l'un des officiers de Cortés.

– Tu es fou ! s'écria celui-ci. Morzillo a conquis le Mexique avec moi. Il m'a sauvé la vie à plusieurs reprises. Je ne laisserai jamais faire cela !

– Mais il ne peut pas nous suivre et ces sauvages ne peuvent pas s'en occuper. Ils ne savent même pas ce qu'est un cheval.

– Je ne veux pas l'abandonner aux mains des Indiens. Nous resterons ici, au moins ce soir.

Les soldats étaient désemparés. Jamais, même dans les pires situations, ils n'avaient vu leur chef aussi ému. Jamais ils n'auraient pu supposer qu'il aimait autant son cheval.

L'officier reprit :

– Capitaine, nous devons partir ! Ces Indiens ont l'air pacifiques, c'est vrai, mais on ne sait jamais. Nous ne sommes pas assez nombreux. Demain, nous devons reprendre notre route.

Cortés hésitait toujours, ne parvenant pas à prendre une décision. À ce moment, le vieux cacique[1] des Itzas s'avança ; il s'était fait expliquer la situation par l'interprète. Il prononça quelques phrases d'un ton solennel.

– Qu'est-ce qu'il dit ? demanda Cortés.

– Il dit que le Grand Chef blanc peut partir en paix. Les Itzas prendront le plus grand soin de Tziminchec.

– Tziminchec ?

– C'est le nom qu'ils donnent à Morzillo. Je ne sais pas ce que cela signifie.

Le Conquistador comprit que l'attente avait trop duré pour ses hommes et, la mort dans l'âme, se laissa entraîner vers la barque. Il ne se retourna pas, n'osant pas regarder son compagnon qu'il abandonnait, et se boucha les oreilles de ses mains pour ne pas entendre ses hennissements.

1. Cacique : on appelait ainsi les chefs des peuples indiens qui peuplaient le Mexique et l'Amérique Centrale avant l'arrivée des Espagnols.

Cortés ne revint jamais à Tayasal. L'expédition du Honduras fut un échec et le roi, qui n'était pas satisfait de la manière dont le Mexique était gouverné, rappela l'aventurier en Espagne. Il y finit ses jours, solitaire et rejeté par tous. On avait oublié que, pendant quelques années, sur cette terre lointaine, cet homme avait été aussi puissant que le roi lui-même. Peut-être était-ce sa punition pour avoir, un jour, préféré la gloire et la fortune à son cheval.

Morzillo, en revanche, eut un destin que nul cheval n'avait connu avant lui. Il devint un dieu !

On ne l'apprit que cent ans plus tard, quand deux prêtres missionnaires espagnols arrivèrent à Tayasal. Ils étaient les premiers hommes blancs à y pénétrer depuis le passage de Cortés, et ils ignoraient tout de cette aventure. Quand ils entrèrent dans le plus grand temple de la ville, ils découvrirent avec stupeur une énorme statue qui représentait un cheval assis sur un trône. On leur dit que c'était le dieu Tziminchec.

– Où avez-vous trouvé cette statue ? demandèrent-ils.

– Ce sont nos ancêtres qui l'ont sculptée, répondirent les Itzas.

– C'est impossible. Ils ne pouvaient pas savoir à quoi ressemblait un cheval !

– Un quoi ?

On ne se comprenait plus, alors les Itzas allèrent chercher un vieux sage aux longs cheveux blancs qui, de sa voix cassée, raconta :

– Le père de mon père m'a dit qu'il y a bien longtemps, un grand guerrier blanc s'est arrêté dans notre ville. Il allait à la guerre, là-bas, dans le sud. En partant, il a laissé à notre garde un être merveilleux qu'il ne pouvait plus emmener avec lui. Notre peuple depuis toujours savait qu'un jour un dieu nous serait envoyé, le dieu Tziminchec. C'était lui.

– Et alors ? dirent les missionnaires qui n'en croyaient pas leurs oreilles.

– Le dieu Tziminchec a vécu parmi notre peuple pendant quinze années, puis, une nuit de grande lune, il a disparu à tout jamais. Alors, les pères de nos pères ont sculpté cette statue pour que jamais on ne l'oublie.

Tayasal, la cité des Itzas, n'existe plus et, sur l'île au milieu du lac, là où elle était construite, il ne demeure que quelques ruines indécises dans lesquelles on n'a jamais retrouvé la statue du Dieu-Cheval.

Au bord de la rive sud du lac s'est élevée une ville moderne qui, sur les cartes de géographie, porte le nom de Remedios. Personne ne croit plus au dieu Tziminchec. Pourtant, quelques habitants racontent à voix basse que, certaines nuits, quand la lune est pleine, dans la brume du lac, ils ont cru voir un grand cheval noir qui galope à la surface des eaux. Comment pourraient-ils savoir que ce cheval égaré est Morzillo qui, désespérément, cherche son maître le Conquistador qui l'a abandonné ?

V

Rossinante, Cheval-Paladin

– Tu n'es qu'un âne !

– Je sais que je ne suis qu'un âne, mais dans cette histoire de fous, je suis bien le seul à avoir conservé un peu de bon sens et de raison.

– Peuh ! Le bon sens ! La raison ! Ces mots-là ne veulent rien dire pour moi, qui suis de la chevalerie. J'ai un idéal et des ambitions qui se moquent bien de la raison et du bon sens.

– La chevalerie, la chevalerie ! Avez-vous oublié que nous sommes en 1605 et que cela fait plus d'un siècle qu'il n'y a plus de chevaliers que dans les livres.

– Que sais-tu des livres, ignorant ?

– Je sais que ce sont les livres, et particulièrement les livres de chevalerie, qui ont tourneboulé la tête de certains que je connais. Et d'ailleurs, sans eux, nous n'existerions même pas ! Car vous semblez oublier que, vous et moi, nous sommes nés de l'imagination d'un grand écrivain.

– Qu'importe. Vrai ou inventé, un héros reste un héros !

Cette conversation se tenait à la nuit tombée dans l'écurie d'une auberge, à l'entrée du petit bourg espagnol d'Alcaraz, à quelques pas de l'Andalousie.

Le premier des deux interlocuteurs, celui qui paraissait si satisfait de lui-même, n'était autre que le fameux Rossinante, cheval du non moins fameux Don Quichotte[1]. Le second était tout

1. Don Quichotte : héros et titre du roman de l'auteur espagnol Miguel de Cervantes (1547 - 1616).

bonnement Grison, l'âne de son écuyer[1], Sancho Pança.

– Il est vrai, continuait Rossinante, que mon maître Don Quichotte de la Manche a lu tous les livres de chevalerie qui ont été écrits. Les murs de la grande salle de son château en sont couverts.

– Son château ! Comme vous y allez ! l'interrompit Grison. Tout juste une vieille bicoque dont les murs s'écroulent et dont le toit s'effondre parce qu'il n'a pas le premier sou pour les faire réparer.

Rossinante eut un hennissement méprisant et déclara :

– L'argent, toujours l'argent ! Mais, mon cher, cela ne compte pas pour les nobles cœurs. Quoi qu'il en soit, c'est après avoir lu et relu tous ces grands ouvrages que mon maître décida de se faire chevalier errant[2], pour défendre les veuves

1. Écuyer : soldat au service personnel d'un chevalier.
2. Chevalier errant : chevalier qui quittait ses terres et sa famille et se faisait justicier.

et les orphelins contre tous les géants, monstres, dragons et enchanteurs qui existent de par le monde.

– Qui existent ?

– Oui, qui existent ! Il n'y a que les ânes qui ignorent cela. Et sais-tu pourquoi il a pris cette héroïque décision ?

– Ma foi non, bredouilla Grison qui commençait à s'endormir, mais vous allez certainement me le dire.

– Il l'a fait pour mériter l'amour d'une des plus grandes dames d'Espagne, la señora Dulcinée du Toboso. Pourquoi ris-tu, imbécile ?

– Je ris parce que j'ai entendu dire que la dame Dulcinée n'est en réalité qu'une servante d'auberge, laide à faire peur.

– Mensonge ! Calomnie ! cria Rossinante en ruant des deux sabots contre la cloison de l'écurie. Retire ce que tu viens de dire, gredin !

– Je le retire, je le retire ! Mais calmez-vous, je vous en prie, sinon, votre mauvaise toux va vous reprendre.

De fait, Rossinante se mit à tousser bruyamment pendant cinq bonnes minutes et Grison espéra un moment que cela lui couperait définitivement la parole. Mais il repartit de plus belle :

– Don Quichotte revêtit son armure, coiffa son casque, attacha à sa ceinture la grande épée de son grand-père et, avant de se mettre en selle, il me dit : « Rossinante, mon fidèle destrier... »

– Oh, oh ! s'esclaffa Grison : son destrier ! Certes, vous êtes un cheval et je ne suis qu'un âne, mais, sauf le respect que je vous dois, si Don Quichotte a fait de vous sa monture, alors que vous êtes passablement efflanqué et poussif, c'est bien qu'il n'en avait pas d'autre dans son écurie.

– Assez d'insolence ! Ou sinon, foi de Rossinante...

– Rossinante ! Laissez-moi braire. Dans Rossinante il y a le mot « rosse », et chacun sait que c'est le synonyme de vieux canasson[1].

1. Canasson : mot familier pour désigner un vieux cheval fatigué.

– Un baudet, un âne, qui fait le savant, c'est un comble...

– Oh, j'étais fort content de ma condition de baudet et mon maître Sancho ne se plaignait pas d'être un simple laboureur, avant que votre paladin[1] fasse de lui son écuyer et nous entraîne tous dans sa folie. Car ne faut-il pas être fou pour croire encore à ces balivernes ?

Grison soupira profondément et tâta la litière du sabot pour trouver le meilleur endroit où se coucher car il se faisait tard. Rossinante, lui, devait dormir debout, puisque, selon les règles de la chevalerie, il restait constamment sellé au cas où se présenterait une aventure. Sans doute continua-t-il à parler des hauts faits des chevaliers errants et de leurs destriers, mais Grison ne l'entendait plus. Il dormait.

Au petit matin, il fut réveillé par un grand branle-bas de combat dans l'écurie. Rossinante était déjà dehors et Don Quichotte, tout cliquetant

1. Paladin : seigneur aventurier au Moyen Âge.

et grinçant dans sa vieille armure, se hissait sur sa selle. Sancho Pança jeta une couverture sur le dos de son âne et s'assit à califourchon sur sa croupe. La pauvre bête, tout ensommeillée, entendit l'écuyer qui répétait en gémissant : « Je vous en prie, mon bon maître, n'allons pas encore nous jeter dans une affaire où nous ne gagnerons rien d'autre que des mauvais coups », et le chevalier qui lui répondait : « C'est mon devoir, mon bon Sancho ! Il y va de l'honneur de la chevalerie ! »

Rossinante, lui, piaffait des quatre sabots et trompetait des naseaux tant il était impatient d'accomplir de nouvelles prouesses.

Le soir même, les deux compères étaient de retour à l'écurie de l'auberge, mais cette fois, on avait retiré son harnachement à Rossinante, et le fier destrier du matin gisait sur la paille, plutôt mal en point. Ce qui ne l'empêchait pas de parler autant que de coutume.

– Par Bucéphale, s'exclamait-il, quelle journée ! Et quel combat ! J'ai encore dans l'oreille le bruit de mon galop, lorsque moi et mon maître nous avons chargé ces terribles Géants. Ils terrorisaient les environs et les paysans avaient supplié mon chevalier de les en débarrasser.

– Le voilà de nouveau qui déraisonne, soupira Grison. Seigneur Rossinante, combien de fois faudra-t-il vous répéter que ce n'était point des Géants, mais tout simplement des moulins à vent !

– C'était des Géants ! Tu ne me feras pas dire le contraire. J'ai bien vu comment de loin ils agitaient leurs bras immenses pour nous effrayer. Comme s'il était possible d'effrayer Rossinante !

– Les Géants n'existent pas, insista Grison. Pas plus en Espagne qu'au Pérou ou en Patagonie. Voilà qui est certain. Aussi certain que les ailes des moulins tournent lorsqu'il y a du vent. Aujourd'hui, il y avait du vent et, une fois de plus, vous avez eu la berlue. Les paysans qui vous ont envoyés là se sont bien moqués de vous.

Sur cette affirmation, notre âne se laissa choir dans la paille, croyant avoir mis fin à la discussion. Mais ce n'était pas si simple de faire taire Rossinante.

– Lorsqu'un chevalier errant et son destrier se mettent en quête d'aventures, proclama-t-il, il y a, à coup sûr, des Géants pour leur barrer la route. Les livres de chevalerie sont formels à ce sujet.

– Au diable les livres ! Si vous nous aviez écoutés, mon maître Sancho et moi, vous n'auriez pas fait cette folie de vous ruer ainsi contre des moulins en marche. Car enfin, ce qui vous a envoyés rouler dans la poussière à plus de cinquante pas, vous et votre chevalier, est-ce que c'était l'aile d'un moulin ou le bras d'un Géant ?

– C'était l'aile d'un moulin.

– À la bonne heure ! Ce qui vous a démis l'épaule gauche et estropié le jarret droit, ce qui a fait qu'on a amené en cette auberge Don Quichotte mort à moitié, était-ce le bras d'un Géant ou l'aile d'un moulin ?

– C'était l'aile d'un moulin.

– Enfin, il retrouve la raison ! murmura Grison.

– Oui mais, continua Rossinante, ce que tu ne

sais pas, pauvre analphabète, c'est que lorsqu'ils nous ont vus charger, les Géants ont pris peur et, à la dernière minute, un magicien les a changés en moulins à vent !

– Il ne manquait plus qu'un magicien ! gémit le pauvre âne, et cette fois, il renonça à discuter et décida de dormir pour de bon.

Mais avant que le sommeil ne le prenne, il entendit Rossinante qui déclarait :

– Mon noble maître a entendu dire à des voyageurs que, là-bas, dans les montagnes d'Andalousie, se cache un effroyable dragon cracheur de feu. Dès que nous serons remis de nos blessures, rien ne pourra nous empêcher d'aller le combattre. Car les dragons existent pour que les chevaliers errants...

VI

Godolphin Arabian, Cheval-Lord

Lorsqu'en l'an 1731, le bey, seigneur de Tunis, fit au roi Louis XV cadeau de huit des plus beaux chevaux de ses écuries, il ne se doutait pas que l'un d'entre eux, Sham, vivrait une destinée à la fois aussi cruelle et aussi glorieuse.

Certaines personnes superstitieuses pourtant auraient pu le prédire. En effet, on dit qu'un cheval dont le poitrail est marqué d'un épi en son milieu connaîtra de grands malheurs. Un épi, comme chacun sait, est un petit tourbillon de poils rebelles qu'aucune étrille, aucune brosse ne peut faire rentrer dans le rang. En revanche, un cheval dont le postérieur gauche est habillé d'une balzane est promis à une brillante carrière. La balzane est cette sorte de guêtre blanche qui orne le bas des jambes de certains chevaux bais[1] ou alezans[2].

Or Sham portait un épi très visible au centre de sa poitrine et une haute balzane chaussait son pied gauche.

Est-ce que le fait d'être le premier cheval arabe émigré vers la France fut un effet de l'épi ou de la balzane, est-ce que ce fut un malheur ou une chance ? Je n'en sais rien et je vous en laisse juges. Mais pour le jeune étalon de quatre ans qu'il était alors, ce fut le début d'une existence bien mouvementée.

L'accueil qui lui fut fait, ainsi qu'à ses compagnons, à la cour de Versailles était de nature à flat-

1. Bai : un cheval bai a une robe roux plus ou moins foncé, mais ses crins sont noirs.

2. Alezan : un cheval alezan a les poils de sa robe ainsi que les crins de sa crinière et de sa queue d'un même roux uniforme.

ter la vanité de n'importe quel cheval. Ils furent logés aux Grandes Écuries royales et chacun se vit attribuer un palefrenier à son service personnel. L'avenir s'annonçait brillant et l'on attendait la visite du roi.

Il vint enfin, suivi d'une vingtaine de courtisans qui se disaient tous connaisseurs en chevaux. On installa cette noble compagnie au centre du grand manège et les huit chevaux du bey défilèrent, tenus en bride par leurs palefreniers. Alors le destin bascula. Le roi fit la moue et dit :

– Je n'ai jamais vu de chevaux de telle sorte. Ils ont l'encolure trop forte et la croupe trop sèche. Ils sont laids !

Les courtisans approuvèrent à grands murmures ; on se leva et on s'en alla.

En ce temps-là, déplaire au roi suffisait pour que ce fût immédiatement la disgrâce et le malheur. On ne sait pas ce que devinrent les sept compagnons de Sham, mais son histoire à lui est bien connue. Il fut vendu et passa de propriétaire en propriétaire. Comme il était fier et ombrageux, aucun ne put s'en accommoder. Il fut cédé pour vingt écus à un charretier de Paris.

Pouvait-il tomber plus bas ? La malédiction de l'épi pouvait-elle être plus cruelle ? Le charretier était une brute qui accompagnait chacun de ses hurlements d'un coup de fouet et qui frappait aussi souvent du manche que de la lanière. Il ne nourrissait son cheval que d'orge pourrie et de foin fermenté : l'étalon, affamé, tomba malade. Voyant qu'il avait le plus grand mal à l'atteler, car Sham se défendait encore, le charretier avait décidé de ne plus le dételer du tout et la pauvre bête devait dormir debout, prisonnière des brancards de la charrette.

Un après-midi de janvier 1733, alors que le pavé de Paris était couvert de verglas, Sham s'abattit sur les genoux dans une montée trop rude. Ne supportant pas cette position humiliante, il tentait désespérément de se relever. En vain : les fers de ses sabots ne mordaient pas la glace. Le charretier frappait comme un fou, en crachant des injures. Sham, à bout de forces, baissa la tête et renonça.

Les badauds rassemblés s'amusaient du spectacle et chacun y allait de ses conseils ou de ses plaisanteries. L'un d'eux fabriqua une torche avec de la paille et l'enflamma.

– Vas-y, cria-t-il au charretier, chauffe-lui le poil ! Tu vas voir qu'il va se relever !

L'homme prit la torche et s'approcha de la bête à terre...

– Arrêtez !

Tous se retournèrent. Un petit homme vêtu d'une redingote noire et coiffé d'un tricorne démodé s'avança. Calmement, il prit la torche des mains du charretier, la jeta à terre et l'éteignit sous son pied.

– Je te donne quinze louis d'or pour ce cheval.

– Quinze louis pour cette carne, vous êtes fou !

– Quinze louis d'or !

Le charretier ne comprenait pas ; il hésitait.

– Après tout, dit-il enfin, c'est votre affaire.

Il tendit son énorme pogne et la referma sur les pièces d'or, puis il défit les harnais qui ligotaient le cheval. Le petit homme détacha la ceinture de son manteau, la passa avec douceur autour du cou de Sham et l'aida à se relever. Les badauds stupéfaits les regardèrent s'éloigner dans la pente de la rue.

Ce passant généreux était le révérend Simpson, un pasteur anglais qui voyageait en France pour s'instruire des goûts et habitudes de ses habitants. Il ne s'y connaissait guère en chevaux et son geste n'était qu'un effet de son bon cœur. Il ne supportait pas qu'on fît souffrir les bêtes.

Quinze jours plus tard, il était de retour en Angleterre dans le charmant *cottage* qu'il habitait au bord de la Tamise, non loin de Londres. On installa Sham dans un box spacieux dont la litière était changée chaque jour et dont ni la mangeoire ni le râtelier n'étaient jamais vides. En quelques mois, l'étalon était redevenu le splendide animal qu'il était jadis, lorsqu'il galopait sous le soleil et dans le vent de Tunisie. Sa robe brune brillait comme du satin et seules quelques petites taches de poils blancs marquaient la place de ses anciennes blessures. Son caractère semblait s'être adouci et il se laissait approcher et caresser sans le moindre mouvement de méfiance.

Je vous vois sourire. Nous y voilà, vous dites-vous, la bienheureuse balzane l'a enfin emporté sur le maudit épi. Eh bien non, car le destin en avait décidé autrement.

Un jour, le révérend Simpson dit à son gendre, le pasteur Harrison :

– Mon cher, votre jument commence à se faire vieille. Si vous le désirez, je vous fais cadeau de ce cheval que j'ai ramené de France.

– Vous êtes bien aimable, répondit Harrison. Je m'en arrangerai certainement car il paraît fort docile.

Le pasteur Harrison était aussi brave homme que son beau-père, mais il était très mauvais cavalier. L'étalon se laissa monter sans bouger. Mis en confiance, Harrison fit ce qu'il faisait avec son ancienne monture pour la mettre en avant : il donna brusquement des éperons. Le résultat dépassa son attente : Sham partit comme le vent et deux minutes plus tard son cavalier vidait les étriers, fort heureusement dans une petite mare qui amortit sa chute.

Il tenta de nouveau l'aventure le lendemain, mais il était beaucoup moins sûr de lui et, quand il lui sembla que le cheval prenait une allure trop vive, il tira sur les rênes. Sham avait la bouche sensible, il se cabra et le pasteur, après avoir glissé de la selle sur la croupe, se trouva assez brutalement assis sur le gazon.

C'en était trop ! Harrison se crut trahi et prit pour de la méchanceté ce qui n'était qu'un excès d'énergie. Il décida de se défaire de Sham.

Au cours de la fête de charité qu'il organisait annuellement dans le comté, il en parla à lord Godolphin. Ce gentilhomme possédait le plus beau haras et la plus belle écurie de courses du sud de l'Angleterre.

– Mon cher ami, dit-il, dès demain, je passerai avec Roggers, mon maître d'écurie, voir votre phénomène.

Il tint parole et, le lendemain, en fin de matinée, ils examinaient Sham qui, lui-même, ne les quittait pas de l'œil.

– Qu'en penses-tu ? demanda lord Godolphin à Roggers.

– Des membres assez beaux, le corps un peu trop osseux et la tête très courte. Pas de doute, Votre Grâce, ce cheval vient tout droit d'Arabie.

– Eh bien ! Voilà autre chose... Et que peut-on en faire ?

– On a toujours besoin de chevaux de service. Puisque ce cheval est un étalon, et qu'il semble ma foi très vigoureux, mettons-le au service de vos juments de demi-sang. Nous obtiendrons peut-être quelques chevaux d'attelage de bonne allure.

Ainsi fut fait. Sham eut un box convenable au fond du paddock et, lorsqu'on le jugeait bon, on le conduisait aux herbages parmi les poulinières. Elles avaient le paturon[1] un peu épais et la croupe

1. Paturon, boulet, canon : parties de la jambe du cheval qui vont successivement du sabot au genou.

large mais ce serait mensonge de dire qu'il se déplaisait en leur compagnie.

Je vous vois tous rassurés. La balzane, bien sûr, n'a pas entièrement tenu ses promesses, mais il faudrait être bien fou pour plaindre Sham dans son confort campagnard. C'est vrai, mais attendez la fin.

Lord Godolphin était très fier de son haras et, par-dessus tout, de celui qui en était la perle rare : l'étalon Hobgoblin. C'était, il faut l'avouer, un très beau cheval. Robe grise à peine pommelée, crins d'un noir profond, il avait une jolie tête, mais n'ayant plus d'autre office que la reproduction, il était beaucoup trop gras, ce qui empâtait regrettablement sa silhouette. Les soins dont on l'entourait l'avaient rendu paresseux et passablement prétentieux.

Il habitait une écurie luxueuse qui n'était pas loin de ressembler à l'appartement impérial du cheval de Caligula. De son box modeste, à l'autre extrémité du paddock, Sham pouvait voir, sinon lire, l'énorme inscription en lettres de bronze doré qui surmontait la porte du logis du prince des chevaux : HOBGOBLIN !

Un ami et lointain parent de sir Godolphin, lord Seymour, possédait une jument splendide, bien connue pour ses succès sur les champs de courses. Elle portait un nom de sultane, Roxane. On décida donc, lors d'une réunion mondaine, qu'en mai 1734 seraient célébrées les noces de Roxane et d'Hobgoblin.

Le jour arriva. Roxane demeura seule au centre du paddock. Inquiète, elle laissait sa grande queue brune fouetter ses flancs et son œil clair, à demi caché par une mèche de sa crinière, interrogeait la dizaine de personnes groupées derrière les barrières. Elle hennit longuement sur un mode très aigu, comme interrogatif. À cet appel, un cri sonore, sauvage, jaillit de l'extrémité du paddock : Sham lui répondait. La jument, les oreilles dressées, les naseaux palpitants, se tourna dans cette direction. Mais voilà qu'un troisième hennissement, puissant lui aussi, mais comme enroué, un peu faux, retentit à son tour. Hobgoblin avait daigné se lever de sa litière de paille d'orge dorée et jeter un coup d'œil à l'extérieur.

On ouvrit sa porte et il s'avança d'un trot majestueux, la queue en panache, les naseaux largement ouverts. Roxane semblait ne pas l'avoir vu, elle fixait toujours l'endroit d'où était venu ce cri magnifique.

Alors, dans un terrible fracas, la porte du box de Sham vola en éclats et, le poitrail ensanglanté, il se précipita dans l'arène. Il n'y eut personne d'assez fou pour tenter d'intervenir et, sous le regard à la fois effrayé et émerveillé de Roxane, les deux mâles s'affrontèrent. Dans un premier temps, Hobgoblin sembla l'emporter. À deux reprises, se dressant sur ses postérieurs, il se laissa retomber de toute sa masse sur le dos de son adversaire, déterminé à lui briser les reins. Sham ne dut son salut qu'à sa souplesse qui lui permit de se dégager en ployant sur ses jarrets. Mais plus le combat se prolongeait, plus l'étalon anglais donnait des signes de fatigue. L'inaction et une nourriture trop riche lui avaient fait le souffle court. Il ne put esquiver une attaque fulgurante de Sham qui lui planta ses dents dans le cou, juste sous la mâchoire. Le sang jaillit sur la robe grise d'Hobgoblin, qui, épouvanté, s'enfuit et alla se réfugier au fond de son box.

Sham lança un long hennissement de victoire, auquel Roxane répondit sans retenue, et les pauvres humains retranchés derrière le pare-botte ne purent les empêcher de s'unir et d'accomplir ce que la nature attend de tous les chevaux amoureux.

Lord Godolphin était hors de lui. Comment allait-il expliquer à lord Seymour que sa jument favorite et si délicate allait mettre au monde le fruit de son accouplement avec un gueux, un moins que rien ?!

Pour le punir, on condamna Sham à finir ses jours dans une maigre lande du pays de Cornouailles et à retourner à l'état sauvage d'où, de l'avis de chacun, il n'aurait jamais dû sortir.

On l'y aurait oublié si trois ans plus tard, sur le

turf[1] de New Market, un étalon à la robe brune, à la crinière noire comme l'encre, n'avait, dans les compétitions des jeunes chevaux de deux ans, ridiculisé tous ses adversaires. Il remportait chaque course avec plus de dix longueurs d'avance. Le monde britannique du cheval s'enthousiasma. Mais qui était-il ?

Qui était-il ? Il s'appelait Lath, il était le fils de Roxane et de... eh oui, il fallait bien le dire : de l'autre, de l'étranger, de l'exilé. Son large poitrail ne présentait pas le moindre épi, mais une courte balzane blanchissait le canon et le boulet de son postérieur gauche.

Lord Godolphin savait reconnaître ses erreurs. Sans aucun doute, Lath était le premier d'une magnifique lignée de nouveaux chevaux. Il décida donc non seulement de pardonner au séducteur de Roxane mais, bien plus, d'en faire le premier étalon de son haras.

Ce fut en grande cérémonie que Sham retourna

1. Turf : terrain où ont lieu les courses de chevaux.

au domaine et le maître d'écurie lui-même, devenu fort attentionné, l'installa dans le logis d'Hobgoblin, malheureux prince déchu.

Lorsqu'au printemps 1738, Roxane revint sur les lieux de leur première rencontre, sur le fronton surmontant la porte du grand box, on pouvait lire en lettres étincelantes : GODOLPHIN ARABIAN. Le duc anglais avait donné son propre nom au cheval arabe.

VII

Black Bess, Cheval-Bandit de grand chemin

« *Stand and deliver !* La bourse ou la vie ! »

Dick Turpin avait répété cette phrase des dizaines de fois dans sa carrière. Car Dick Turpin était un bandit. Pas un vulgaire petit cambrioleur, mais un vrai bandit, un bandit de grand chemin.

Certes, ce n'est pas une activité honnête, mais en ces années 1730, en Angleterre, il n'était pas toujours facile de gagner honnêtement sa vie. De plus, on disait dans toutes les tavernes du pays que Turpin volait uniquement les gens riches et que, souvent, il redistribuait l'argent aux pauvres. Un nouveau Robin des Bois en quelque sorte... Bon ! Il n'en reste pas moins que Dick Turpin était un bandit.

Sa méthode de travail était simple et efficace. Dans les villes et dans les bourgs, il avait des espions qui le tenaient au courant des déplacements et des voyages des gens d'importance. Avec trois ou quatre complices, il se mettait en embuscade au bord du grand chemin, de préférence dans les forêts ou les landes désertes. Ils obligeaient la voiture à faire halte et, sous la menace de leurs pistolets, ils soulageaient les voyageurs de leur argent et de leurs bijoux. Puis, au galop de leurs chevaux, ils disparaissaient dans la campagne.

Ce jour-là, le 3 février 1735, Turpin et ses hommes attendaient dans une courbe de la grand-route qui va de Londres à Cambridge. Il faisait un froid à fendre les arbres et des flocons de neige voltigeaient dans le ciel gris.

La diligence arriva. Dick Turpin savait qu'à l'intérieur se trouvaient un notaire, la veuve d'un grand propriétaire et le percepteur des impôts du comté. Ce qu'il ne savait pas, c'est que la voiture était accompagnée d'un officier à cheval de la Garde royale.

– La bourse ou la vie !

Le cocher, épouvanté, arrêta ses chevaux, sauta de son siège et s'enfuit à travers champs. Le militaire, qui montait une magnifique jument noire comme la nuit, essaya d'armer son pistolet, mais Dick, plus rapide, lui traversa l'épaule d'une balle et le jeta à bas de sa monture. En quelques minutes, les passagers furent dévalisés de leurs biens et les bandits s'éloignèrent dans la neige qui tombait de plus en plus serrée.

Au bout de quelques miles[1], ils ralentirent, mais un bruit de galop les mit en alerte. Ils se cachèrent dans les fourrés au bord du chemin et bientôt, dans un tourbillon de neige, ils virent apparaître la

---

1. Mile : mesure de distance anglaise, équivalant à 1,6 km.

grande jument noire qui, débarrassée de son cavalier, les avait suivis.

Elle vint s'arrêter auprès du cheval de Dick Turpin. Le bandit l'examina un instant, puis, d'un seul bond, sauta d'une monture à l'autre.

– Voilà maintenant mon cheval, déclara-t-il. Je l'appellerai Black Bess.

– Pourquoi ? demanda l'un de ses hommes.

– Black, parce qu'elle est noire, évidemment, Bess, parce que c'était le prénom d'une cousine que j'aimais bien quand j'étais petit garçon.

– Black Bess, hip hip hourra ! crièrent les bandits, et tous repartirent à bride abattue dans la tempête.

Black Bess, qui avait donc volontairement quitté la carrière militaire pour se faire hors-la-loi, prit rapidement goût à cette vie d'aventures. Très vite elle devint aussi célèbre que son cavalier, sinon davantage. Aucune des personnes détroussées ne pouvait décrire le bandit, pour la bonne raison qu'il opérait toujours masqué et enveloppé d'un grand manteau. En revanche, tous avaient en mémoire cette grande et fine jument se tenant fièrement campée sur ses quatre membres, parfaitement immobile en travers du chemin. Ils se souvenaient aussi comment elle se dressait, menaçante, si l'un des voyageurs esquissait le moindre geste de résistance. Tous enfin parlaient avec stupéfaction de la vitesse incroyable avec laquelle elle emportait son maître qui restait toujours le dernier sur place pour protéger la fuite de ses hommes.

La célébrité de Black Bess faillit d'ailleurs coûter cher à Dick Turpin. Un dimanche, celui-ci, assuré de ne pas être reconnu, déjeunait comme tout honnête citoyen dans une hôtellerie d'Epping. En effet, lorsque Dick n'était pas au travail sur les routes, il portait l'identité honorable de John Palmer, commerçant de son état. Black Bess l'attendait, sellée et bridée, devant le porche d'entrée. Vint à passer dans la rue un bourgeois de la ville qui, quelques semaines plus tôt, avait dû laisser sa bourse et sa montre dans les mains du bandit.

– Par tous les saints, s'écria-t-il, c'est le maudit cheval de cette fripouille de Dick Turpin !

Un cocher de diligence, qui flânait par là, confirma :

– Pas de doute, c'est sa jument. J'ai eu le temps de l'examiner, la dernière fois qu'ils nous ont dévalisés.

Il y eut bientôt un attroupement et, déjà, en haut de la rue, apparaissaient les tricornes d'une demi-douzaine de soldats qu'on s'était empressé de prévenir.

– Attendons qu'il sorte et qu'il s'approche de son cheval, dit le sergent. Cette fois, nous le tenons !

C'était compter sans Black Bess qui, à la vue des uniformes, sentit le danger : si elle restait là, dès qu'il l'approcherait, son maître serait identifié et pris. D'un violent coup de tête, elle arracha les rênes de l'anneau où elles étaient attachées et fit entendre un long hennissement strident. Puis elle s'élança au galop vers la sortie de la ville, bousculant tous ceux qui eurent le malheur de se trouver sur son passage.

L'employé de l'octroi[1], voyant arriver ce cheval fou, crut bon d'abaisser sa barrière. Il n'eut que le temps de se jeter de côté pour voir l'animal s'envoler littéralement au-dessus de l'obstacle et disparaître, là-bas, dans la poussière de la route.

Pendant ce temps, Dick Turpin, d'un seul coup d'œil par la fenêtre, avait tout compris de la situation. Cependant, il continua et termina paisiblement son déjeuner, car qui aurait pu se douter que derrière le brave John Palmer se cachait le terrible Dick Turpin ? Quand, le soir, il retrouva sa jument dans un de leurs repaires, un vieux moulin en ruines, elle l'accueillit par un nouveau hennissement qui, cette fois, ressemblait à un grand éclat de rire.

Deux ans plus tard, dans des circonstances dramatiques cette fois, Black Bess sauva la vie de Dick. Ce dernier, toujours sous le nom de John Palmer, jouait aux cartes dans une taverne de Totten-

1. L'octroi : au XVIIIe siècle, il fallait payer des droits de douane pour transporter des marchandises d'une région à une autre d'un même pays. On réglait cette formalité à la barrière de l'octroi à la sortie des villes.

ham, dans la banlieue de Londres. Contrairement à son habitude, il perdait et ne tarda pas à s'apercevoir que son adversaire cachait des cartes dans le revers de sa manche. Dick se dressa d'un bond et cria :

– Tricheur !

– Moi, tricheur ! hurla l'autre qui se leva à son tour et tira un énorme pistolet de sous son habit.

Il n'eut pas le temps de s'en servir, car Turpin, d'un coup d'escabeau, l'étendit raide sur le plancher. Malheureusement, il avait frappé fort et l'homme rendit l'âme instantanément.

Dick se sentit pris au piège. Il y avait plus de dix témoins dans la salle et beaucoup étaient des amis de la victime. Il réagit vite et avec sang-froid, se rua dehors où Black Bess l'attendait, sauta en selle et partit au triple galop sur la route d' York.

– Vole, Bessy, vole ! lui cria-t-il. Il n'y a que toi qui puisses me sauver !

Comme si elle l'avait compris, la jument redoubla de vitesse. Entre Londres et York, il y a 190 miles[1]

1. 190 miles = 300 km environ.

et jamais un cheval n'avait parcouru cette distance en moins de quatorze heures. Pourtant, douze heures plus tard, Dick Turpin, ou plutôt John Palmer, était assis dans une taverne du centre d'York où, parmi d'autres clients, il prenait son *breakfast.* Dans la cour, Black Bess, couverte d'écume et le sang aux naseaux, tentait de retrouver son souffle et de ne pas tomber d'épuisement.

Évidemment, l'affaire n'en resta pas là. Il y eut une enquête et un procès au cours desquels les clients de la taverne de Tottenham jurèrent comme un seul homme que c'était bien Palmer qui avait occis le joueur de cartes à dix heures précises le mercredi soir. Par chance, il se trouva autant de témoins pour affirmer haut et fort qu'ils avaient vu Palmer prendre son petit déjeuner à York, le jeudi matin, à dix heures. Les juges estimèrent que le même homme n'avait pas pu se trouver dans les deux endroits en si peu de temps d'intervalle ; aucun cheval n'était capable d'un tel exploit. Fort heureusement, ils ne connaissaient pas Black Bess et aucun d'entre eux n'avait lu l'histoire du cheval Bayart. On laissa donc Palmer repartir libre sans se douter que le fameux Dick Turpin venait, une fois de plus, de glisser entre les mains de la justice.

Toutefois, la chance tourna. Ce jour-là, il ne pleuvait pas, mais l'orage grondait à l'horizon. Dans le petit matin, Dick et trois de ses compagnons se dirigeaient vers la route de Nottingham dans l'intention d'y arrêter la voiture d'un vieux lord. Le vieillard devait être accompagné seulement de sa petite-fille de dix-huit ans, de son cocher et d'un valet de pied. Affaire facile.

Cependant, tout commença mal. Dick et ses hommes n'avaient pas parcouru trois miles que Black Bess se mit à boiter bas. On posa pied à terre et force fut de constater que le fer de son sabot arrière gauche était sur le point de se détacher. Cette négligence mit Turpin de mauvaise humeur : on ne pouvait pas continuer ainsi.

– Bon, dit l'un des hommes, sans Bess c'est fichu. Il n'y a plus qu'à faire demi-tour.

– Pas question ! gronda leur chef. Hackett, donne-moi ton cheval, prends Black Bess en longe et reconduis-la à l'auberge. On se passera d'elle.

Ses compères y virent un mauvais présage : il n'aurait pas dû dire cela, mais personne n'osa protester. Seule Black Bess, en le voyant s'éloigner, lança un long hennissement plaintif. C'était comme un avertissement, comme un adieu... Dick ne se retourna même pas. L'orage se rapprochait.

– *Stand and deliver !*

La voiture s'arrêta, le cocher et le valet de pied levèrent les mains. La portière s'ouvrit et le vieux lord descendit, suivi de la jeune fille. Au moment où elle posait le pied sur le sol, elle glissa et tomba sur les genoux. Tout bandit qu'il fût, Dick Turpin avait des manières de gentilhomme ; il remit son pistolet dans la fonte de sa selle, sauta à terre et se pencha pour aider la demoiselle. À cet instant, un coup de tonnerre, plus violent que les autres, éclata. Black Bess n'aurait même pas couché les oreilles, mais le cheval que montait Turpin fit un écart et, une fraction de seconde, celui-ci détourna la tête.

Alors, la jeune fille, d'un geste brusque et précis, tendit la main et arracha le masque du bandit.

– John Palmer ! s'exclama le vieux lord, abasourdi.

– Tu es démasqué ! cria l'un des bandits. On ne peut pas les laisser en vie !

Turpin regarda la jeune fille. Elle était jolie, elle souriait et avait l'air plutôt fière de ce qu'elle venait de faire. Il haussa les épaules.

– Prenez l'argent et les bijoux, et laissez-les aller.

Dick Turpin, *alias* John Palmer, fut arrêté quelques jours plus tard, sans avoir revu Black Bess. Comme tous les gens de son espèce, il finit pendu dans le petit matin du 7 avril 1739. Parmi la foule assemblée autour de l'échafaud, quelques bourgeois applaudirent, mais on dit qu'il y eut plus d'un homme et plus d'une femme du peuple pour avoir des larmes dans les yeux. On dit aussi que, longtemps après sa mort, sur les routes du comté, il arrivait qu'à la nuit tombante une grande et belle jument noire, sans cavalier, se mette en travers du chemin et contraigne les voitures à s'arrêter. Lorsqu'on voulait l'approcher, elle partait dans un galop d'enfer qu'on entendait résonner longuement dans le crépuscule.

VIII

LISETTE, CHEVAL-HUSSARD

LISETTE avait mauvais caractère. C'est vrai. Un caractère épouvantable, et tous les officiers qui connaissaient le Vicomte de Marbot se demandaient bien pourquoi il s'obstinait à monter cette teigne de jument. Elle ne tolérait pas d'autre cavalier que lui et, à l'écurie, se montrait insupportable avec les autres chevaux. Et pourtant, c'est bien ce maudit caractère qui fit de Lisette un héros de la Grande Armée de Napoléon Ier. Si on ne la décora pas de la Croix, c'est qu'il n'est pas de coutume chez les hommes de décorer les chevaux pour acte de bravoure, mais, deux cents ans plus tard, on se souvient encore de son nom.

En l'an 1807, aux frontières de la Russie, la bataille d'Eylau faisait rage. Lisette et son cavalier avaient connu d'autres batailles : Arcole, Austerlitz, Iéna... Mais celle-ci fut la pire de toutes. Des centaines de milliers de soldats aussi bien russes que français moururent sous la mitraille, si bien qu'au soir tombant, on ne sut pas qui avait gagné.

Le Vicomte de Marbot était capitaine des hussards[1] et aide de camp du maréchal Augereau. Il faut être brave pour être aide de camp, car leur mission consiste à parcourir le champ de bataille pour porter les ordres des maréchaux et des généraux à ceux qui se battent. Il faut aussi avoir un bon cheval. Pas un de ces lourds chevaux de

1. Hussard : soldat de la cavalerie légère de l'armée de Napoléon. Ils manœuvraient pour encercler l'ennemi.

dragons[1] ou de cuirassiers qui ne savent que charger comme un troupeau aveugle droit vers les canons ennemis, mais un cheval intelligent, vif comme l'éclair, sachant jouer au chat et à la souris avec la mort. Or Lisette, malgré son mauvais caractère, était maligne comme le diable et galopait plus vite que ne vole un boulet de canon.

À la veille d'une bataille, les aides de camp tiraient au sort un numéro d'ordre et, les uns derrière les autres, ils attendaient que leurs chefs les lancent dans la tempête. Ceux qui en revenaient, et il en revenait bien peu, reprenaient place dans la file. Ce jour-là, Marbot était loin d'être au premier rang et Lisette, impatiente, avait déjà mordu la croupe du cheval qui la précédait et envoyé un coup de sabot dans le poitrail de celui qui la suivait.

Il était midi et, depuis le matin, sur une colline près d'un cimetière, un régiment d'infanterie,

1. Dragon, cuirassier : soldats de la cavalerie lourde. Ils chargeaient l'ennemi de face.

le 112e de ligne, résistait obstinément malgré les attaques répétées des fantassins russes et des cavaliers cosaques[1]. Depuis longtemps leur colonel et presque tous les officiers étaient tombés ; le régiment fondait comme neige au soleil mais pas un de ces hommes n'avait fait un pas en arrière. Alors l'empereur Napoléon fit parvenir un message au maréchal Augereau :

« Ces braves en ont fait assez. Commandez-leur de se retirer en bon ordre ! »

Devant Marbot se trouvait encore un jeune lieutenant. Il prit le feuillet des mains du maréchal, tira son sabre et partit au galop. Tous le suivaient des yeux dans la plaine. Deux Cosaques tentèrent de lui barrer la route, mais il renversa le premier de sa monture et fendit le crâne du second. Malheureusement, un ruisseau lui ferma le passage. Son cheval hésita et se déroba devant l'obstacle. L'homme essaya de le relancer, mais il était trop

1. Cosaques : peuple de l'Empire russe. Ils étaient de très bons cavaliers.

tard. Dix cavaliers russes arrivèrent sur lui et il disparut dans la mêlée.

– À vous, Marbot ! dit Augereau.

Lisette partit comme la foudre, non sans avoir expédié deux terribles ruades dont l'une frôla de près le maréchal lui-même. Il dut faire deux pas en arrière en jurant comme un troupier. Marbot n'avait même pas pris le temps de tirer son épée. Couché sur l'encolure de sa jument, il la laissait aller, se contentant de la diriger de son mieux vers la colline. Rien n'arrêtait Lisette. Les corps des soldats et des chevaux tombés, les canons renversés, les trous creusés par les boulets, elle franchissait tous ces obstacles sans ralentir sa course, sans la dévier d'un mètre. Les naseaux largement ouverts, la queue en panache, dans le bruit effroyable de la fusillade et de la canonnade, elle semblait prendre plaisir à ce terrible jeu. Oui, Lisette aimait la bataille ! Les Cosaques effarés virent passer cette furie et crurent qu'il s'agissait d'un cavalier blessé emporté par son cheval emballé : ils renoncèrent à les poursuivre.

Marbot atteignit le 112e de ligne au moment où les fantassins russes allaient l'encercler.

– Battez en retraite ! hurla-t-il. Battez en retraite ! Ordre de l'Empereur...

Il n'eut pas le temps d'en dire davantage. Un boulet de canon arriva en ronflant, toucha le grand chapeau bicorne dont il était coiffé ; la lanière de cuir qui le retenait faillit lui arracher la tête.

Les Russes attaquaient de plus belle. Marbot, complètement paralysé par le choc, ne pouvait plus faire un mouvement ; il ne gardait dans ses jambes que la force de se maintenir en selle. Voyant ce cavalier dressé au milieu des fantassins, sur un cheval aussi ferme et immobile qu'une statue, l'ennemi crut qu'il était le chef de ces héros qui, depuis le matin, n'avaient pas cédé un pouce de terrain. Tous essayèrent de l'atteindre et de le mettre à bas de sa monture.

Un soldat russe parvint à s'approcher assez près et, d'un coup de baïonnette, transperça la cuisse du Vicomte qui ne n'en eut même pas conscience. Le soldat voulut frapper de nouveau, mais dans la bousculade il manqua son coup, et ce fut Lisette qu'il atteignit en haut du jarret.

Folle de colère, elle se rua sur son assaillant et d'un coup de dents magistral lui arracha toute la peau du visage, sourcils, nez, moustache et menton compris. L'homme se retourna et s'enfuit en hurlant. Voyant ce masque horrible d'écorché qui venait vers eux, ses camarades commencèrent à reculer. Derrière, un officier russe, l'épée à la main, criait des ordres pour les renvoyer au combat.

Alors Lisette, portant toujours son cavalier à demi-inconscient, se précipita sur l'homme, l'atteignit, le saisit par la peau du ventre et, après l'avoir secoué comme une marionnette désarticulée, le jeta au milieu de ses soldats. Ceux-ci, épouvantés, tournèrent les talons et s'enfuirent. Les survivants du 112e de ligne étaient sauvés.

Ils n'eurent pas le temps d'entourer Lisette. Elle était déjà repartie au galop vers le quartier général du maréchal Augereau, emportant Marbot qui, comme un mannequin de chiffon, tenait par miracle sur sa selle.

Cependant, la blessure de la jument était sérieuse et, au premier obstacle qu'elle voulut franchir, elle broncha et s'écroula, envoyant son cavalier rouler au sol.

Le soir tombait. Le combat avait cessé et sur le champ de bataille on n'entendait plus que les cris des blessés qui demandaient de l'aide. Un froid terrible se faisait sentir et il se mit à neiger.

Deux hommes, un sergent et un caporal de l'armée française, allaient et venaient, fouillant les débris, retournant les cadavres. S'ils étaient là, à cette heure, ce n'était pas pour des raisons bien honnêtes. Au soir des batailles, il y a toujours de ces gens à la recherche de butin, ceux qu'on appelle les détrousseurs.

Ils aperçurent, à quelques pas d'un cheval tombé qui semblait privé de vie, le corps d'un homme tout aussi inanimé. La neige les recouvrait lentement l'un et l'autre.

– En voilà encore un qui n'aura plus besoin de ses bottes, dit le sergent. Tu as vu ? Ça, c'est de la qualité, et elles sont pratiquement neuves ! Je connais quelqu'un qui m'en donnera au moins mille francs !

Et ils se mirent à tirer chacun sur une jambe. Le cadavre poussa un gémissement.

– Il n'est pas tout à fait mort, dit le caporal.

– Bon. Et alors ? répliqua l'autre.

Et il recommença à tirer. Mais aussitôt, il poussa un cri de terreur. Le cheval, qu'ils pensaient mort lui aussi, s'était redressé avec un hennissement terrible. La bête avait de la peine à se tenir sur ses membres mais, les oreilles couchées en arrière, les yeux flamboyants de colère et les dents découvertes, elle avançait sur les deux hommes.

Ceux-ci reculèrent, épouvantés, et subitement le caporal s'écria :

– Bon sang, mais c'est Lisette ! Fais attention, elle est pire qu'une panthère !

– Mais alors, lui, c'est...

– C'est le capitaine Marbot !

– Ah, nom d'un chien, on allait en faire une belle !

Ces deux hommes étaient des crapules mais ils avaient quand même un peu de cœur. Ils coururent chercher du secours, et le capitaine et sa monture, à demi gelés, furent ramenés encore en vie au quartier général.

Dix jours plus tard, le maréchal Augereau vint en personne à l'hôpital de campagne et décora le Vicomte de Marbot au nom de l'empereur Napoléon.

– Bravo ! dit-il. Vous êtes un brave.

– Je n'ai aucun mérite, répondit Marbot, c'est Lisette, ma jument, qui a tout fait.

– Oui, oui, on m'a raconté cela...

– Mais c'est la vérité !

– Bien sûr, bien sûr. D'ailleurs, nous l'avons récompensée de ses exploits. Elle est repartie il y a trois jours pour la France. Je lui ferai moi-même une retraite heureuse sur mes terres.

Marbot ne put que remercier. Cependant, il connaissait sa jument et cette décision lui sembla être davantage une punition qu'une récompense.

Elle, qui aimait tant le son du canon, partir à la retraite comme un vieux soldat fatigué !

Le maréchal Augereau n'était pourtant pas un mauvais homme. Il savait reconnaître un brave, même s'il s'agissait d'un cheval. Mais il n'aimait pas qu'on lui manquât de respect. Le jour de la bataille, il n'avait pas apprécié la manière dont Lisette lui avait montré ses sabots en partant au combat.

Lisette termina ses jours dans une grande propriété aux environs de Paris où, par ses caprices et ses colères, elle rendait la vie impossible tant aux chevaux qu'aux hommes. Marbot, devenu colonel et ayant quitté le service, venait souvent lui rendre visite. Il rédigeait ses Mémoires et, lorsqu'il faisait beau, il s'asseyait à l'ombre d'un arbre.

Il n'était pas homme à déformer la vérité, toutefois, en rapportant certains événements, il se surprenait à exagérer sa propre importance. Il jetait alors un coup d'œil à Lisette qui broutait distraitement à quelques pas. Elle relevait la tête et, dans son regard, le colonel croyait apercevoir une petite lueur ironique.

Lorsqu'il en arriva au chapitre de la bataille d'Eylau, il lui sembla que l'œil de la jument se faisait plus malicieux encore. Alors cette fois, peut-être exagéra-t-il vraiment en écrivant que Lisette, à elle seule, avait mis en fuite toute une armée ennemie.

IX

Jules et César, Chevaux-Soldats

César, un cheval percheron gris pommelé, atteignait pas moins d'un mètre soixante-dix au garrot et pesait un peu plus de huit cents kilos. Ses sabots, larges comme une assiette à soupe, rendaient ce géant impressionnant. Mais sa jolie tête de cheval arabe, sa crinière et sa queue grises, légèrement ondulées comme les cheveux d'une jeune fille, lui donnaient l'air coquin et inoffensif.

Au demeurant, la crème des chevaux ; pas méchant ni vaniteux pour un sou. S'il s'appelait

César, c'est que son propriétaire, un cultivateur de Normandie, se passionnait pour l'histoire antique. Il possédait un deuxième cheval nommé Auguste et on parlait encore à la ferme d'un certain Hannibal qui avait vécu jusqu'à l'âge vénérable de vingt-huit ans.

Comme tout bon cheval de trait, César tirait hardiment tout ce qui roule sur les chemins, tout ce qui laboure, qui herse ou qui fauche. Pas une charrette ne le retenait, même dans les montées les plus rudes, pas une charrue ne lui résistait, même dans les terres les plus lourdes. En juillet, quand on déplaçait la grosse chaudière à vapeur qui entraînait la batteuse à blé, on le postait seul devant les six paires de bœufs de l'attelage et il les contraignait à le suivre.

César faisait tout cela avec bonne volonté et bonne humeur. En échange, il habitait une écurie spacieuse, à l'abri du froid l'hiver et des mouches l'été. La litière de fougère était épaisse et régulièrement renouvelée, l'avoine et le foin servis ponctuellement, et chaque semaine il bénéficiait d'une journée de repos dans un pâturage à l'herbe grasse, réservé à lui seul. César était un cheval heureux.

Jules, un cheval boulonnais, avait connu une destinée beaucoup moins enviable. À l'âge de trois ans, on l'arracha à son herbage et à son troupeau et, avec trois de ses camarades, on l'emmena sur les routes, vers l'est. Bientôt, le vert de l'herbe fit place au gris de la poussière. Sur l'horizon ponctué de basses collines de cailloux noirs, on apercevait des roues de métal tirant de longs câbles d'acier des entrailles de la terre.

Il arrivait à la mine, dans l'enfer noir du charbon. On le conduisit sous une des immenses roues sous laquelle s'ouvrait un puits sans fond. On le fit entrer de force dans une benne de métal, et la descente commença, continua, interminable. Au fond – à combien de centaines de mètres sous la surface de la terre ! –, l'obscurité n'était trouée que de quelques faibles lampes et s'y agitait tout un peuple d'hommes aux visages noircis. Sur leurs casques, une petite lueur tremblotait comme un feu follet fragile.

Immédiatement, Jules fut mis au travail. Un labeur infernal ! Dans des galeries sans fin, à peine assez larges pour ses épaules, il tirait à longueur de temps des wagonnets chargés de minerai, obligé de poser ses gros sabots dans les intervalles entre les traverses de bois qui soutenaient les rails. Sa robe gris clair prenait peu à peu la couleur de la houille.

Il n'y avait ni jour ni nuit dans ces cavernes et le travail n'y cessait jamais. Après de longues heures passées à haler ce maudit wagon, on le conduisait dans un box taillé dans la pierre et là, dans l'obscurité complète, il pouvait manger et se reposer.

Les mineurs étaient des hommes rudes. Ils respectaient les chevaux comme des compagnons de travail mais ils n'avaient aucune tendresse à leur égard. C'étaient eux qui l'avait appelé Jules, en l'honneur d'un certain Jules Guesde[1], un homme

1. Jules Guesde (1845 - 1922) : il crée, en 1880, le Parti Ouvrier Français et est député de 1906 à 1922.

politique dont ils parlaient souvent entre eux.

Deux ans passèrent. Jules oublia la lumière du jour et son caractère s'aigrit. Sa grosse tête de Boulonnais au nez busqué et aux oreilles courtes se renfrogna. Les hommes et les autres chevaux le craignaient et ne l'aimaient guère. Il est vrai qu'il avait le coup de botte facile et la dent agressive. Jules ne savait plus ce qu'était le bonheur.

Un matin de septembre, l'ouvrier agricole, comme chaque matin, ouvrit la porte de l'écurie et César sortit dans la cour des communs. L'air était frais mais il faisait grand soleil. Le cheval s'étira, crotta sur le pavé et cueillit d'un coup de dents une fleur de pissenlit qui n'aurait pas dû se trouver là. Il allait, de lui-même, se diriger vers le hangar où étaient remisées les charrettes, mais le garçon lui passa un licol et le conduisit dans l'autre cour, devant la maison d'habitation, là où l'on n'allait jamais.

Debout sur le perron, le maître tenait un papier à la main et parlait fort, comme les jours de colère. Il y avait aussi trois militaires, debout à côté de leurs chevaux, de ces chevaux aux flancs plats, aux membres maigres, tout juste bons à porter des cavaliers. L'un des hommes tenait déjà en longe Martin, le Postier breton du voisin.

Il y eut encore quelques éclats de voix au milieu desquels le mot « réquisition » revenait comme un refrain, puis les soldats se mirent en selle. L'un d'eux prit la longe de César et tous se dirigèrent vers la route. En franchissant le portail, le Percheron tourna la tête pour regarder la ferme, sa ferme. Il n'y comprenait rien.

À la même époque, quelques semaines plus tôt peut-être, il y eut à la mine une agitation qui rompit la monotonie du travail. En quelques jours, les galeries se vidèrent de tous les hommes, à l'exception des gamins et des vieux. L'activité cessa presque complètement. On sortit Jules de sa tanière et, de nouveau, malgré ses protestations, il dut monter dans la benne. Il s'attendait à ressentir une nouvelle fois cette horrible impression de chute, d'enfoncement, mais, à sa grande surprise, le mouvement se fit vers le haut.

Il déboucha sur le carreau de la mine, sous la grande roue, mais il ne put voir le soleil du matin car on lui avait bandé les yeux avec un morceau de toile. Après deux années passées dans l'obscurité presque totale du fond du puits, le moindre rayon de vraie lumière l'aurait rendu aveugle. Il faudrait du temps pour qu'il se réaccoutume à la clarté du ciel.

Il ne voyait rien, mais il était comme ivre de respirer l'air de la surface. Autour de lui on s'agitait, on criait ; des voix impérieuses donnaient des ordres. Une phrase revenait sans cesse : « Ils arrivent, ils arrivent ! » On tira sur sa longe et il dut se mettre en marche. Au soir tombant, on lui retira son bandeau. Il allait sur une longue route pavée ; devant lui, derrière lui, dans les champs de chaque côté, des hommes, des chevaux, des véhicules avançaient dans une immense bousculade.

Jules et César se rencontrèrent en Picardie, en compagnie d'une multitude d'autres chevaux, de toutes races, de toutes tailles, venant des quatre coins de la France. Des hommes s'activaient parmi eux ; ils étaient vêtus du même habit bleu, coiffés de képis, de casques, de bérets, chaussés de gros brodequins de cuir. Des soldats, partout des soldats.

On mit d'abord à part les chevaux légers, destinés à la cavalerie. Puis on emmena les mi-lourds, rapides mais peu puissants ; César perdit alors de vue son ami Martin, le Postier breton. Enfin, on rassembla les chevaux lourds qu'on organisa par paires, et c'est ainsi que Jules et César furent réunis dans la même stalle. Ils avaient à peu près la même taille, le même poids et leurs robes étaient presque identiques. Cela suffit aux militaires qui ne tinrent pas compte de leurs origines ni de leurs caractères. Ils ne s'inquiétèrent pas non plus de leurs noms, mais, au fer rouge, on grava un matricule dans la corne d'un de leurs sabots. César fut désormais BH206 et Jules BH207.

L'entraînement débuta aussitôt. Ni l'un ni l'autre n'avait jamais travaillé en attelage double et ils eurent bien du mal à s'accorder. César, le

Percheron paysan, était docile, réfléchi, mais un peu lent. Dans son grand œil bleu aux longs cils, il y avait comme un perpétuel étonnement qui semblait demander : « Pourquoi tout cela ? Pourquoi ? » On y lisait aussi le regret d'une calme écurie, d'une riche pâture et celui d'une main de petite fille qui lui offrait parfois une carotte ou une croûte de pain sec.

Jules, plus rétif, au contraire, acceptait mal les ordres, ne supportant pas qu'on ne le laissât pas profiter pleinement de l'espace et de la lumière retrouvés. De la colère grondait sous son front épais de Boulonnais, une colère qui criait : « Laissez-moi libre ! Laissez-moi oublier l'enfer d'où je viens ! » Le cheval de la mine ne voulait plus être esclave.

Ni Jules ni César ne pouvaient imaginer qu'ils venaient d'entrer dans un autre enfer, bien plus horrible. Ils ne pouvaient pas savoir qu'on était en septembre 1914, que ce qu'on appellerait plus tard la Grande Guerre venait de commencer et que des millions d'hommes et de chevaux n'en verraient pas la fin.

Quand on estima qu'ils étaient assez préparés, on les attela à un étrange chariot à deux essieux. Les roues avant portaient une grosse caisse de bois ferré sur laquelle s'asseyait le conducteur ; entre les roues arrière luisait un énorme tube de métal noir. L'ensemble était lourd, menaçant, terrifiant. Seuls les vieux chevaux qui avaient déjà fait la guerre auraient pu savoir que c'était un canon.

On partit à la tombée du jour et, toute la nuit, le convoi d'artillerie s'avança vers l'est, sur des mauvaises routes et dans des chemins creux. Les chevaux travaillaient courageusement, chacun à sa manière. César tirait régulièrement, obstinément, en assurant chaque pas, mais quand il se présentait une difficulté, c'était Jules qui, à grands coups de collier rageurs, permettait de franchir l'obstacle. Là-bas, à l'horizon, l'orage de la bataille faisait rouler son tonnerre et luire ses éclairs. Les deux bêtes peinaient. Parfois leurs épaules et leurs hanches se touchaient et, de ce contact, de cet effort commun semblait naître une forme de fraternité rarement ressentie par les hommes.

Au petit matin, ils entrèrent dans la tempête. Le bruit du canon était assourdissant. Autour d'eux, la terre semblait bouillir dans des gerbes de boue, de feu, de fumée. Les hommes hurlaient. Deux soldats enfourchèrent César et Jules, et les lancèrent au galop vers une colline à plusieurs centaines de mètres devant. Derrière eux, le canon bondissait de trou en ornière. Le conducteur avait lâché les rênes, trop occupé à s'accrocher à son siège.

Soudain, au-dessus des chevaux, il y eut une sorte de bourdonnement, comme celui d'un vol de frelons. Les deux cavaliers et le conducteur tombèrent au sol et ne se relevèrent pas. L'attelage s'arrêta.

En fait, il ne s'arrêta pas vraiment. César, ne recevant plus d'ordres, tentait de s'immobiliser, mais Jules, arc-bouté sur les traits, tirait de toutes ses forces, pour avancer encore, pour atteindre cette ligne entre le ciel et la colline, là où il était certain que devait commencer la liberté. César céda à la volonté de son camarade et tous les deux, halant comme des forçats leur engin de mort, ils parvinrent au sommet de la colline.

Alors, la terre s'ouvrit et le ciel s'effondra sur elle. Les deux chevaux roulèrent au sol. Le timon de bois et le cuir des harnais se rompirent, et le canon déboula la pente, en arrière. Un silence assourdissant se fit.

Péniblement, lentement, César se remit debout, s'ébroua pour rejeter la terre dont il était couvert, puis il s'approcha de Jules. Celui-ci avait une grande plaie au flanc gauche par laquelle sa vie s'échappait. Pourtant, il parvint à se redresser sur ses antérieurs. Il tourna les yeux dans toutes les directions du champ de bataille. Les obus déchiraient le sol, les balles sifflaient, les hommes et les chevaux tombaient. La liberté n'existait pas.

Il retomba sur le côté et mourut très vite. César ne fit pas un mouvement. Planté au sol de ses quatre sabots, balançant doucement son encolure au-dessus de son compagnon, perdu au milieu de la folie des hommes, il attendit...

X

RED RUM, CHEVAL-CHAMPION

VOILÀ DES ANNÉES qu'on me répétait : Si vous n'avez pas assisté au Grand National d'Aintree[1], vous n'avez jamais vu une véritable course d'obstacles, un *steeple-chase*, comme disent les Anglais. Alors, l'année dernière, j'ai pris l'avion pour

1. Grand National d'Aintree : course d'obstacles qui a lieu tous les ans, depuis 1839, sur l'hippodrome d'Aintree, près de Liverpool, en Angleterre. Elle est célèbre pour sa longueur et pour la difficulté de ses obstacles. Elle l'est malheureusement aussi pour le nombre des accidents qui s'y sont produits.

Liverpool en Angleterre et, un beau matin d'avril, j'étais dans les tribunes de l'hippodrome d'Aintree, attendant le départ du cent soixantième steeple.

Ce que j'ai vu m'a coupé le souffle. Un circuit effroyable que les chevaux doivent parcourir deux fois et qui, au total, représente un peu plus de sept kilomètres. Trente obstacles fixes, dont certains m'ont paru des murs infranchissables. Trente-deux chevaux avaient pris le départ ; sur les vingt-deux qui franchirent la ligne d'arrivée, huit n'avaient plus de cavalier sur leur dos. Le cheval vainqueur s'appelait Papillon ; il avait sept ans.

J'étais tellement suffoqué que je fus l'un des derniers à quitter la tribune. Je finis par m'égarer complètement et par me retrouver près de la piste. Sur la pelouse, à quelques mètres des poteaux d'arrivée, il y avait un petit enclos fermé de barrières blanches, et dans cet enclos une pierre gravée ressemblant fort à une tombe. Accoudé à la barrière se tenait un homme d'une soixantaine d'années qui regardait la pierre et ne semblait guère pressé de s'en aller.

Je craignais de le déranger et m'apprêtais à m'éloigner quand il se tourna vers moi et me sourit, d'un sourire un peu triste. Je m'approchai.

– C'était un ami ? demandai-je en indiquant la tombe.

– Oui, en quelque sorte, répondit-il. Vous pouvez lire son nom : il s'appelait Red Rum, c'était un cheval. Si vous avez le temps de venir boire un whisky avec moi, je peux vous raconter son histoire.

J'avais le temps ; j'aime le whisky et les histoires encore davantage. Je le suivis.

« Red Rum est né en mai 1965 au haras de Rossenara, en Écosse, et l'éleveur ne se creusa pas trop la tête pour lui trouver un nom. La mère du poulain se nommait Mared et son père, Quorum. *Ma-red, Quo-rum*, vous prenez la dernière syllabe de chaque nom et vous avez Red Rum. Ses parents n'étaient célèbres ni l'un ni l'autre, même pas en Écosse, et chacun pensa que Red Rum serait tout juste capable de gagner quelques courses locales réservées aux jeunes chevaux.

À deux ans, il fut mis en vente aux enchères et acheté pour quatre cents guinées[1]. C'était un petit prix car, lorsqu'on le fit trotter dans le rond de vente, tout le monde put s'apercevoir qu'il était un peu raide des postérieurs.

Et pourtant, six mois plus tard, Red Rum gagnait sa première course et, jusqu'à l'âge de treize ans, il n'a pas cessé de courir et de gagner.

C'était un cheval extraordinaire, vous savez, et je suis mieux placé que personne pour pouvoir l'affirmer. Je m'appelle Tommy Stack. Oui, je vois que cela ne vous dit rien, mais il y a vingt ans, j'étais un des jockeys les plus connus sur les champs de courses de Grande-Bretagne. Dans ma carrière, j'ai monté des centaines de chevaux mais aucun ne m'a donné autant de plaisir que Red Rum. J'ai couru exactement quarante-trois fois avec lui et, chaque fois, il m'a étonné par son endurance et son courage. Il était un peu long à se mettre en train, mais il avait des fins de course

1. Quatre cents guinées : environ 610 euros (quatre mille francs).

magnifiques. Jusqu'à la dernière foulée, il ne relâchait pas son effort.

Sa plus grande qualité était la confiance qu'il faisait à son cavalier et je vous assure que c'est cela qui fait les grands champions dans les courses d'obstacles. Je ne l'ai jamais senti hésiter ni tenter de se dérober[1]. Ce que je voulais, il le voulait aussi et, si dans quelques courses il a commis des fautes avec d'autres jockeys, c'est sûrement parce que celui qui le montait ne partageait pas sa confiance.

Oui, Monsieur, c'était un bon cheval. Et cependant, en 1972, on a bien cru que sa carrière était terminée. Il s'est mis à boiter et les vétérinaires ont dit qu'il était atteint de la maladie naviculaire. C'est une irritation des nerfs du pied, très douloureuse pour le cheval et, en principe, cela ne se guérit pas.

Red Rum a été remis en vente. C'est mon ami Donald Ginger Mac Cain qui a accepté de l'ache-

1. Se dérober : quand un cheval tente de passer à côté d'un obstacle, on dit qu'il se dérobe.

ter pour cinq mille guinées[1] car il n'arrivait pas à croire que ce cheval resterait infirme. Une année entière, il l'a entraîné sur une plage en le faisant marcher et courir pendant des heures dans l'eau de mer. Et Red Rum a guéri, Monsieur, il a guéri !

En 1973, Mac Cain l'a engagé pour le Grand National et, non seulement Red Rum a gagné, mais il a battu le record de la course : les sept mille deux cents mètres en neuf minutes, une seconde, neuf dixièmes, un record qui a tenu seize ans, seize ans ! Quelle course ! Pendant le deuxième tour, c'est Crisp, un cheval australien, un véritable géant, qui a mené loin en tête, mais dans le *run-in*, la dernière ligne droite sans obstacle de cinq cents mètres, on a vu Red Rum qui remontait, remontait et qui l'a coiffé[2] d'un peu moins d'une longueur[3] sur le poteau. Un exploit

1. Cinq mille guinées : environ 7 620 euros (cinquante mille francs).

2. Coiffer sur le poteau : dépasser un concurrent juste sur la ligne d'arrivée.

3. Une longueur : distance qui correspond à peu près à la longueur d'un cheval de la tête à la queue.

que seul un cheval aussi brave que lui pouvait accomplir.

En 1974, Red Rum a de nouveau remporté le prix. Gagner le Grand National deux années de suite, cela n'était encore jamais arrivé ! Le plus grand regret de ma vie, monsieur, c'est que ce n'est pas moi qui le montais mais mon collègue Flechter. En 73, j'avais une jambe dans le plâtre et en 74, une épaule démise.

Beaucoup ont alors pensé qu'il valait mieux en rester là et le retirer des courses en pleine gloire, mais Mac Cain l'a de nouveau engagé. En 1975, il est arrivé deuxième, derrière un cheval qui s'appelait l'Escargot, vous vous rendez compte, l'Escargot ! En 1976, il a été troisième. On a dit que Flechter était trop vieux et que Mac Cain avait épuisé son cheval en l'inscrivant dans un trop grand nombre de courses. Rien n'allait plus !

Malgré tout, Mac Cain s'est obstiné et, un soir de 1977, il est venu me voir chez moi. Il m'a dit :

– Tommy, on va tenter le coup encore une fois. Je te confie Red Rum.

– Tu es fou, Ginger ! Il a douze ans. C'est fini pour lui.

Évidemment, je me suis laissé convaincre et... Vous voulez que je vous raconte ma course, Monsieur ? Oui ? C'est d'accord, mais il va falloir m'offrir un autre whisky.

Le Grand National est une épreuve épouvantable, Monsieur, autant pour les hommes que pour les chevaux, vous avez pu le constater tout à l'heure. Il y a des associations de défense des animaux qui demandent qu'elle soit interdite tellement elle est dangereuse. Mais on ne peut pas la supprimer : ce serait comme démolir Buckingham Palace[1].

Le départ est donné. J'ai trente obstacles à franchir, trente occasions de me fracasser les os et d'estropier mon cheval. Dix minutes de course ! C'est une éternité et on a le temps de se répéter

1. Buckingham Palace : un des châteaux de la reine d'Angleterre.

que, depuis que cette maudite épreuve existe, il y a eu deux mille six cents chutes de chevaux, qu'en 1911 un seul cheval sur vingt-six est arrivé avec son cavalier, qu'en 1967 un seul cheval sur trente-six n'est pas tombé !

Premier tour, sixième obstacle, le terrible « Becher's Brook[1] » ! La haie n'est pas très haute, un mètre cinquante, mais lorsqu'il la saute, le cheval découvre soudain que, derrière, le sol ferme est deux mètres quarante plus bas et que, pour l'atteindre, il faut survoler un ruisseau plein d'eau de trois mètres de large. Si l'élan n'a pas été suffisant au départ, c'est la chute inévitable, une très mauvaise chute.

Mais je monte Red Rum ! Ses oreilles se pointent en avant. Je sens qu'il se ramasse sur lui-même pour bondir : il a reconnu l'obstacle, j'en suis certain. Nous volons au-dessus du vide, le sol approche. Red Rum se reçoit magnifiquement. Nous sommes passés !

---

1. Becher's Brook : en anglais, « le ruisseau de Becher » (voir croquis à la page suivante).

Becher's Brook, signifiant « le ruisseau de Becher », est appelé ainsi parce que, lors de la première course, en 1839, le capitaine Martin Becher fut jeté dans le fossé par son cheval Conrad. Quand il réussit à en sortir, il se plaignit que « l'eau sans whisky avait un goût détestable ».

Devant moi, une dizaine de chevaux dont les deux favoris, Churchtown Boy et Eyecatcher. Je ne prends pas le risque de me retourner pour savoir ce qui se passe derrière.

Quinzième obstacle : « The Chair[1] ». C'est le plus important de tout le circuit. La haie mesure un mètre soixante mais elle est précédée d'un fossé de deux mètres de large. Il faut que le saut soit exactement calculé. Si le cheval prend son

1. The Chair : en anglais, la chaise (voir croquis à la page suivante).

appel trop tard, il s'écroule dans le fossé, s'il le prend trop tôt, il s'écrase sur la haie de bruyère. Pour compliquer les choses, à cet endroit la piste se rétrécit et les chevaux qui arrivent de front doivent sauter épaule contre épaule.

Vingt mètres avant le fossé, plutôt que de forcer l'allure, Red Rum se laisse distancer par le cheval qui le serre à droite, assure sa foulée et saute en toute liberté.

The Chair, signifiant « la chaise », doit son nom à un grand siège métallique sur lequel un commissaire de course surveillait l'obstacle. C'est le seul obstacle, avec le Water Jump (« la rivière »), à n'être franchi qu'une seule fois.

À quatre ou cinq longueurs devant moi, il n'y a plus que six concurrents. Eyecatcher mène le train, suivi de près par Churchtown Boy. Red Rum maintient la distance mais ne tente pas de les rejoindre.

Deuxième tour. Les chevaux sont déjà couverts d'écume et le bruit de leur souffle domine celui de leur galop. Et voilà de nouveau le « Becher's Brook ». À quelques mètres en avant, j'ai le temps de voir Churchtown Boy refuser l'obstacle[1] et son jockey disparaître derrière la haie, avant que Red Rum nous enlève au-dessus du piège.

Trois chevaux devant moi. Red Rum remonte progressivement les deux derniers mais Eyecatcher est loin en tête. Il ne reste plus qu'un obstacle inquiétant, le « Water Jump », le saut de l'eau. Il n'est pas vraiment difficile, mais à ce moment de la course, beaucoup de chevaux n'en peuvent plus et le refusent. Red Rum le franchit sans effort apparent, ainsi que les cinq derniers obstacles.

Alors, c'est là que tout se joue, Monsieur. Après le dernier obstacle, on entame le *run-in*, une ligne droite, longue de quatre cent cinquante

1. Refuser l'obstacle : quand un cheval s'immobilise face à l'obstacle.

mètres, qui se termine devant les tribunes. Pour des bêtes qui ont déjà presque sept kilomètres dans les jambes, c'est infernal.

Eyecatcher est à trois longueurs devant nous et Red Rum remonte, remonte insensiblement. Je n'arrive pas à y croire. Il ne peut pas gagner une troisième fois le Grand National, c'est inimaginable !

Encore cent mètres ; la tête de Red Rum est à la hauteur de la croupe d'Eyecatcher que son jockey cravache à la volée. Moi, j'ai lâché la mienne depuis longtemps et, de toute manière, à quoi me servirait-elle ? Dans les tribunes, les gens sont debout, ils trépignent. Je les entends qui hurlent « Red Rum, Red Rum ! ». Trente mètres, les deux chevaux sont sur la même ligne. Alors, d'un coup, je n'ai plus aucun doute, il va gagner, il veut gagner, je le sens dans tous les muscles de son corps. Je me lève sur mes étriers et je lâche les rênes pour lui offrir sa victoire.

Un peu plus d'une demi-longueur d'avance, Monsieur, pas plus, pas moins qu'il n'en fallait pour que la victoire fût incontestable. Il avait douze ans ! Je suis sûr que plus jamais un cheval ne gagnera trois fois le Grand National.

La foule s'est ruée sur la piste et on nous a entourés. On m'a arraché de ma selle et je me suis retrouvé seul près des barrières. Je ne comptais pas, vous comprenez ; et je trouvais cela normal.

Et puis, il s'est produit quelque chose d'extraordinaire. J'ai entendu un long hennissement, des cris, des exclamations. La foule s'est écartée, Red Rum est venu jusqu'à moi et il a posé sa tête sur mon épaule : il partageait sa victoire avec moi. Des mauvaises langues vous diront que les choses ne se sont pas passées de cette manière, mais je vous jure que cela est vrai, Monsieur. Cela est vrai !

Red Rum est mort en 1995, à l'âge de trente ans, ce qui pour un cheval est aussi un record. On l'a enterré le plus près possible de l'endroit de son triomphe. Il est devenu un héros et on se souvient à peine de moi. Mais vous aviez raison tout à l'heure, il était mon ami. C'est pour cela que, chaque fois que je viens à Aintree, je reste un moment près de sa tombe. Je ne sais pas s'il y a un paradis pour les chevaux, mais je lui dois bien une petite prière.

Voilà, Monsieur, c'est tout. Allez, un dernier whisky, et on s'en va. »

XI

SHERGAR, CHEVAL-OTAGE

L'INSPECTEUR Patrick O'Callaghan était un détective privé bien connu à Dublin[1]. Sa spécialité était la prise d'otages. Lorsque des bandits enlevaient quelqu'un pour obtenir une rançon, les victimes préféraient souvent s'arranger avec les ravisseurs, en dehors de l'enquête de la police. Il fallait dans ce cas faire appel à un intermédiaire et c'est alors que O'Callaghan intervenait. Il avait

1. Dublin : capitale de la république d'Irlande.

déjà réglé quelques affaires délicates avec habileté et discrétion.

Un après-midi de février 1983, un homme pénétra dans son bureau. Il semblait fortement ému et, malgré le froid qu'il devait faire dehors, la sueur perlait à son front.

– Ils... ils l'ont enlevé ! bégaya-t-il. Ils menacent de l'abattre. Ils...

– Calmez-vous, dit O'Callaghan. Qui a été enlevé ?

– Shergar !

– Qui est-ce ?

– Comment ! Vous ne connaissez pas Shergar ?

Dans la voix de l'homme il y avait de la stupeur ; manifestement, une telle ignorance lui paraissait invraisemblable.

– Mais toute l'Europe le connaît ! continua-t-il. Il a gagné le derby d'Epsom[1], il y a deux ans, et...

– Attendez ! C'est un cheval ?

---

1. Derby d'Epsom : c'est une course de galop qui a lieu chaque année dans la ville d'Epsom. Elle porte le nom de celui qui l'a imaginée au XIXe siècle : lord Derby.

– Mais évidemment !

Patrick O'Callaghan leva un sourcil, ce qui était chez lui signe d'un grand mécontentement. Il n'aimait pas qu'on se moque de lui.

– Vous voulez dire qu'on l'a volé, ou qu'il s'est échappé. Je ne vois pas ce que je peux faire pour vous.

– Il a été enlevé, kidnappé, vous dis-je !

– Et pourquoi, selon vous ?

– Mais parce qu'il appartient à l'Aga Khan ! Enfin... l'Aga Khan est l'un de ses propriétaires.

Cette fois, O'Callaghan leva les deux sourcils. C'était sa manière de montrer son étonnement.

– L'Aga Khan ! Vous voulez dire, le prince indien milliardaire ?

– Lui-même.

– Et vous, qui êtes-vous ?

L'homme s'épongea le front avec un large mouchoir à carreaux.

– Excusez-moi, dit-il. Je ne me suis même pas présenté. L'émotion, vous comprenez. Je m'appelle Fitzgerald. Je suis l'entraîneur de Shergar. J'en suis responsable, je... Quel malheur ! Mon Dieu, quel malheur !

– Calmez-vous, monsieur Fitzgerald, calmez-vous, répéta O'Callaghan. Vous savez, évidemment, qui l'a enlevé.

– Oui, soupira Fitzgerald.

– Qui ?

L'autre regarda autour de lui, comme s'il avait peur d'être entendu, et murmura :

– C'est l'IRA...

Pour le coup, la moustache de O'Callaghan frémit, marque d'une profonde émotion. Ce n'était pas la première fois qu'il avait affaire à l'IRA, l'Irish Republican Army, l'Armée républicaine irlandaise. Depuis des années, ses membres étaient en guerre contre la police et l'armée britanniques. Certains étaient de redoutables terroristes qui n'hésitaient pas à faire exploser des bombes dans les rues, à enlever et assassiner des hommes politiques. Deux ans plus tôt, ils avaient tué lord Mountbatten, un des plus grands personnages du royaume.

– Vous êtes sûr de ce que vous avancez ? demanda l'inspecteur.

– Absolument. J'ai reçu une lettre, ce matin, signée IRA. Ils ont décidé... Ah, c'est affreux... de le tuer si la rançon n'est pas versée avant quinze jours.

– Combien demandent-ils ?

– Vingt-quatre millions de dollars.

O'Callaghan ne montra aucune surprise. Il était accoutumé aux exigences démesurées des kidnappeurs.

– Les propriétaires sont disposés à payer cette somme ?

Fitzgerald prit un air gêné.

– Eh bien... non, justement, dit-il. Leur compagnie d'assurances me l'a confirmé, il y a une heure. Elle n'ira pas au-delà de quatorze millions. Il va falloir discuter : nous comptons sur vous pour...

– Si j'accepte de m'occuper de cette affaire ! Vous savez, moi, les chevaux...

– Je vous en prie ! La vie de Shergar dépend de

vous. On m'a affirmé que vous étiez le meilleur détective de la république d'Irlande.

L'inspecteur O'Callaghan n'était pas vaniteux, mais cette remarque lui fit cependant plaisir. Il passa le doigt sur sa moustache et demanda :

– Comment les choses se sont-elles passées ?

Fitzgerald s'essuya de nouveau le front et commença :

– Dimanche dernier, je dînais avec ma famille dans le pavillon que j'occupe à Ballymany Stud, la propriété de l'Aga Khan, à une trentaine de kilomètres de Dublin. C'est là qu'on entraîne les meilleurs chevaux du prince. Le dimanche soir, il est fréquent que je sois le seul à rester sur le domaine : les garçons d'écurie vont se distraire au village. Nous étions en train de dîner quand on a frappé à la porte. Mon fils aîné est allé ouvrir. Je l'ai vu revenir aussitôt, poussé dans le dos par un homme au visage dissimulé par une cagoule, qui le menaçait d'un revolver. Deux autres hommes masqués sont entrés à leur tour. Eux aussi étaient armés. Ils ont enfermé ma femme et mes enfants dans le salon en leur ordonnant de ne pas en bouger avant mon retour, puis ils m'ont entraîné dehors. L'un d'eux, en me serrant brutalement l'épaule, m'a ordonné :

Vous allez nous conduire au box de Shergar, le faire sortir et le monter dans le van[1] qui est dans la cour. Vite ! Et surtout, ne vous trompez pas de cheval !

Je ne comprenais rien à ce qui arrivait, mais Shergar, qui me connaît bien, n'a pas fait de difficultés pour entrer dans le van. Toujours sous la menace de leurs armes, ils m'ont obligé à m'asseoir à l'avant entre le chauffeur et un autre homme, puis nous sommes partis. Une autre voiture nous suivait.

Deux kilomètres après le village de Kilcock, ils m'ont contraint à descendre sur la route, en pleine campagne, et j'ai vu les feux rouges des voitures disparaître dans la nuit. Voilà comment cela est arrivé.

1. Van : véhicule ou remorque dans lesquels on transporte les chevaux.

L'inspecteur O'Callaghan resta un moment silencieux, examinant ses doigts avec beaucoup d'attention, comme chaque fois qu'il réfléchissait avant de prendre une décision. Enfin il dit :

– Bien ! C'est une affaire qui sort un peu de l'ordinaire. Je m'en occupe. Le seul problème est que je n'aime guère les chevaux.

– Oh, vous savez, soupira Fitzgerald, la question n'est pas là. Ce qui compte, avec les chevaux, c'est de savoir si eux vous aiment...

– Bien sûr, bien sûr... Comment pourrai-je joindre les ravisseurs ? Ils vous ont certainement donné des consignes.

– Oui. Vous appellerez ce numéro... Vous entendrez un répondeur auquel vous donnerez votre nom, votre adresse et votre numéro de téléphone. C'est tout. Ils vous contacteront d'une manière ou d'une autre.

Trois jours plus tard, O'Callaghan prenait, selon ses habitudes de célibataire, un copieux *breakfast* dans un petit pub, non loin de la gare

Connolly. Une voix se fit entendre près de lui.

– Continuez à boire votre thé et ne vous retournez pas. Je crois que vous vous intéressez, depuis peu, aux chevaux...

– C'est exact.

– Bon. Terminez votre petit déjeuner et sortez. Un taxi est arrêté devant l'entrée. Montez à l'intérieur et dites simplement : « Allons-y ! »

O'Callaghan acheva donc ses œufs brouillés, but une dernière gorgée de thé, sortit et monta à l'arrière du taxi. Un homme y était déjà installé. Le col de son pardessus était relevé et le bord de son chapeau rabattu sur un visage pratiquement invisible. Le conducteur ne se retourna pas.

– Allons-y ! dit O'Callaghan, et la voiture démarra.

– Excusez-moi, Inspecteur, dit l'homme, mais je vais devoir vous bander les yeux. Il vaut mieux pour tout le monde que vous ne sachiez pas où nous allons.

O'Callaghan se laissa faire et, après un trajet qui lui sembla durer un peu plus d'une heure, il fut conduit dans une pièce où on lui retira le foulard qui l'aveuglait. C'était une salle de ferme, vide, à l'exception d'une table et de quatre chaises. Il y faisait froid car aucun feu n'avait été allumé dans la cheminée. Trois hommes étaient assis derrière la table. Tous avaient le visage dissimulé par une cagoule. La négociation commença.

– Que ferez-vous si la rançon n'est pas versée ? demanda l'inspecteur.

– Le cheval sera abattu et nous ferons en sorte que toute l'Angleterre le sache et le voie. Cela pourra être assez... spectaculaire.

La discussion fut moins difficile que O'Callaghan ne le craignait. Il fut même un peu surpris que les ravisseurs acceptent aussi rapidement la diminution de la rançon. Il eut l'impression qu'on lui cachait quelque chose. D'un ton autoritaire, il dit :

– Vous comprendrez qu'avant d'accepter ce marché, il soit nécessaire que vous me montriez le cheval.

Les hommes se concertèrent à voix basse et se levèrent.

– C'est d'accord.

On lui remit son bandeau et on le guida vers la porte. Dehors, il tombait une petite pluie glacée. Il glissa à plusieurs reprises sur le sol boueux du chemin. Puis une porte grinça et on entra dans un local qui sentait l'écurie. Quelqu'un dénoua le foulard.

On était dans une sorte de grange et, au fond de celle-ci, derrière une demi-cloison de planches, un cheval les regardait. Aucun doute, c'était bien lui. O'Callaghan avait suffisamment étudié les photos qu'on lui avait remises pour le reconnaître au premier coup d'œil.

– Shergar, appela-t-il.

Le cheval tourna légèrement la tête et le regarda de son grand œil marron. Alors, il se produisit quelque chose que jamais, par la suite, O'Callaghan ne put s'expliquer. Lui qui ne connaissait rien aux chevaux et qui ne leur portait pas de sympathie particulière, dans l'œil de la bête, il lut de la douleur et du désespoir, il lut comme une prière qui criait : « Ne m'abandonne pas ! » À sa propre surprise, il en fut bouleversé.

Il fit un pas en avant, une main essaya de le retenir, mais il se dégagea et avança jusqu'à la cloison, se pencha au-dessus. La jambe avant droite de Shergar était enveloppée d'un pansement de toile qui immobilisait le genou. L'inspecteur fit demi-tour, furieux.

– Qu'est-ce que vous lui avez fait ?!

– C'est un accident, dit l'un des hommes. Il se débattait et, en descendant du van, il a glissé. Il s'est déchiré les tendons du genou. C'est un accident...

La voix qui venait de derrière la cagoule était embarrassée, comme honteuse. Cet homme qui avait sans doute tué d'autres hommes semblait sincèrement désolé de ce qui était arrivé au cheval.

– On pourra le guérir ? demanda l'inspecteur.

– Il pourra marcher, mais les compétitions, les courses, c'est fini pour lui. Il sera boiteux toute sa vie.

O'Callaghan se retourna vers Shergar : toujours ce même appel dans son regard : « Ne m'abandonne pas ! »

– Les conditions ne sont plus les mêmes, dit-il. Je dois aller en rendre compte à ceux qui m'envoient.

– Pour nous, cela ne change rien. Si la rançon n'est pas payée, nous ferons ce qui a été décidé.

O'Callaghan et Fitzgerald se rencontrèrent le lendemain matin. L'entraîneur était fou de joie et il en transpirait encore davantage.

– Ainsi, ils acceptent de nous rendre Shergar pour quatorze millions, et vous m'affirmez que vous l'avez vu en vie !

– Je l'ai vu vivant, oui. Dites-moi, monsieur Fitzgerald, combien vaut Shergar en réalité ?

– Oh, ces choses-là ne se disent pas. Il vaut cher, très cher. S'il gagne de nouveau le derby cette année, son prix doublera, triplera...

– N'en parlons plus, dit l'inspecteur. Une question cependant : dans les courses, il arrive certainement que des chevaux se blessent et se trouvent, comment dire, infirmes ?

– Oui, cela arrive.

– Que deviennent-ils alors ?

– Vous savez, un cheval de course estropié ne vaut plus rien. Il est alors confié à des... spécialistes.

– Vous voulez dire : à la boucherie.

– Oui. Pourquoi me demandez-vous cela ?

– Oh, simple curiosité...

Trois jours plus tard, O'Callaghan était de nouveau dans la salle de ferme, toujours aussi glaciale. Il déposa sur la table une petite valise que l'un des hommes masqués ouvrit. Les billets de banque furent minutieusement comptés et la valise refermée.

– Très bien, dit celui qui paraissait être le chef. Maintenant, nous allons nous dire adieu, monsieur O'Callaghan. Le cheval est toujours là où vous l'avez vu la dernière fois. Dans la cour, il y a un van qui vous permettra de l'emmener si vous le désirez. Nous vous demandons seulement d'attendre dix minutes ici avant de faire quoi que ce soit. Bonsoir, monsieur l'Inspecteur.

Ils partirent et O'Callaghan entendit bientôt

le bruit d'une voiture qui s'éloignait. Dix minutes plus tard, il sortit à son tour et monta dans la cabine du van. Il était décidé à s'en aller et à s'arrêter au premier téléphone public pour avertir Fitzgerald qu'il pouvait venir chercher le cheval prisonnier. Mais il se ravisa et, malgré lui, fit ce qu'il n'avait aucunement l'intention de faire.

Il redescendit du camion et se dirigea vers l'écurie. Shergar était couché sur la maigre paille de son cachot. Lorsqu'il vit l'inspecteur, il tenta de se relever mais il n'y parvint pas. Jamais O'Callaghan n'aurait imaginé que l'œil d'un cheval pût exprimer aussi intensément un appel à l'aide : c'était comme un cri. Les paroles de Fitzgerald lui revinrent à l'esprit : « Un cheval estropié est confié à des spécialistes... »

Alors, cet homme, qui avait connu trop de malfaiteurs pour aimer les humains et que les bêtes avaient laissé jusqu'alors indifférent, se sentit saisi d'une profonde affection et d'un grand respect pour l'animal qui souffrait devant lui et qu'il savait condamné à mourir.

Bien qu'il n'eût jamais touché ni même approché un cheval, il parvint à faire se lever Shergar, à lui mettre un licol et à le convaincre de monter dans le van. Il se mit au volant, mais plutôt que de se diriger vers Dublin, il prit la route de l'Ouest. Quelque part, là-bas dans la province du Connemara, il avait un cousin qui possédait une lande sur laquelle il laissait paître un vieux cheval et deux poneys...

Quand l'inspecteur revit Fitzgerald pour la dernière fois, celui-ci était écarlate de colère et une serpillière n'aurait pas suffi à éponger la sueur dont il ruisselait.

– C'est inadmissible ! hurlait-il. Nous avons payé et vous venez me dire que le cheval a disparu et qu'il vous est impossible de le retrouver ! Comment un détective qu'on dit si habile a-t-il pu se laisser tromper d'une manière aussi lamentable ?!

– Je me le demande, monsieur Fitzgerald, je me le demande. Peut-être devrais-je abandonner ce métier...

Et l'inspecteur O'Callaghan pensait à cette prairie lointaine et ignorée de tous où, chaque semaine, il allait voir un ami qui s'approchait de lui en boitillant et venait frotter sa grosse tête de cheval contre son épaule.

En réalité, personne ne sait ce qu'il est advenu de Shergar. Des journaux et des livres ont proposé divers dénouements à son aventure. J'aime bien croire à celui-là.

XII

Perceval, Cheval-Robot

Je ne sais pas si je suis un cheval. Je l'ai cru longtemps, mais je n'en suis plus du tout certain. En fait, je crois que je suis un monstre. Ce n'est pas une jument qui m'a donné la vie, comme c'est le cas, paraît-il, pour tous les poulains, et mon père n'est pas un étalon, seigneur d'un grand haras de France.

Ce sont les hommes qui m'ont inventé, qui m'ont construit. J'ai un corps, oui c'est vrai, un corps sur lequel on peut mettre une selle, mais il est fait de métal et de matière plastique. Je n'ai pas de tête et mon encolure n'est rien d'autre que deux tiges métalliques fixées sur ce qui pourrait être mes épaules. Je n'ai pas de membres non plus. Ce qui en tient lieu sont d'énormes pistons hydrauliques sur lesquels on a posé mon corps pour me faire mouvoir.

Car je bouge ! Comme un vrai cheval. Je peux faire les mouvements du pas, du trot, du galop. Je peux me cabrer, ruer, sauter ; mais j'exécute ces mouvements sur place, sans avancer ni reculer d'un pas, car je suis boulonné sur une estrade ancrée au sol.

Je n'ai pas de tête, et cependant j'ai un cerveau. Un cerveau électronique contenu dans un ordinateur posé sur un bureau et relié à mon corps par une bonne dizaine de câbles. Oui, je crois que je suis un monstre.

Je vis – si ce mot peut s'appliquer à moi – dans une sorte de laboratoire à l'École nationale d'équitation, là où se donnent rendez-vous les plus prestigieux cavaliers de France et d'autres pays. Ils viennent me visiter, me mettre en marche et étudier mes mouvements, en discutent entre eux. Certains montent sur mon dos avec bottes et cravache et me font faire des choses extraordinaires. J'aime bien ces exercices. J'ai l'impression à ces moments-là que je suis réellement un cheval.

D'ailleurs, tous parlent de moi, de mes performances, comme d'un vrai cheval. Ils m'ont même donné un nom : Perceval[1]. C'est un beau nom. Perceval était un chevalier de la Table ronde, un héros du Moyen Âge. Malgré tout, je sens bien que pour eux je ne suis quand même qu'une machine. Aucun, par exemple, ne m'a jamais adressé directement la parole, ne m'a parlé, comme tout cavalier doit, je suppose, parler à sa monture. Parler à un robot ! Ce serait ridicule, n'est-ce pas ?

Pourtant, je suis beaucoup plus vivant qu'ils ne le croient. Ils ne savent pas que j'entends. Je n'ai

1. En réalité, Persival : Programme d'Étude et de Recherche sur la SImulation du cheVAL.

pas d'oreilles, mais j'entends. Je ne comprends pas comment cela est possible, mais un jour, le petit micro caché quelque part dans mes connexions s'est mis à fonctionner de manière imprévue et m'a apporté des sons, des paroles dont peu à peu j'ai pu comprendre le sens. Je vois aussi. Au-dessus de l'écran de mon cerveau est fixé un voyant lumineux, rouge lorsque je fonctionne et qui devient vert lorsque je suis au repos. Et cet œil électronique, sans raison apparente, a commencé à me transmettre les images du monde qui m'entoure. Et surtout, ce que personne ne suppose, c'est que je ressens des émotions, que je réfléchis. Des idées, des pensées, des sentiments parcourent en permanence mes circuits électriques. Je suis vivant !

Sans doute aurait-il mieux valu que je demeure la mécanique insensible que j'étais destiné à être ; je serais peut-être moins malheureux maintenant.

Si je n'entendais pas, si je ne comprenais pas les humains, je ne saurais pas combien ils peuvent être durs et méchants entre eux et même parfois envers les chevaux quand ceux-ci ne leur donnent pas entière satisfaction. Il me semble qu'en présence d'un véritable cheval, ils se montreraient plus discrets, moins cruels dans leurs jugements, mais devant moi ils ne se gênent pas. Je suis une machine, vous comprenez...

Lorsque j'étais encore aveugle, je n'avais pas conscience de mes difformités, mais, dès que j'ai pu voir, la première chose qui m'a sauté à l'œil fut un grand poster épinglé au mur, en face de moi. Il représentait un cheval en pleine envolée au-dessus d'un obstacle. C'était donc cela un cheval ! Moi, je n'étais qu'un tas de ferraille. J'en aurais pleuré, si mon œil avait su le faire.

Alors évidemment, mon cerveau a commencé à délirer. Je me voyais dans un grand box au sol tapissé de paille fraîche. On fait ma toilette, on me brosse longuement, on peigne ma crinière et ma queue. Je monte dans un van qui m'emmène très loin. Le jour du concours hippique arrive : la carrière de sable sous le soleil, les obstacles, les tribunes, les applaudissements ! Je m'élance, je vais franchir les premières barres... La porte du laboratoire s'ouvrait, la lumière électrique jaillissait et quelqu'un disait :

– Mettez-le en marche et réglez-le sur galop à gauche[1].

Le pire arriva un jour, par hasard. Pour des raisons que j'ignore et pour quelques instants seulement, on déplaça la console sur laquelle était fixé mon cerveau. Cela peut sembler sans importance, mais, du coup, mon œil électronique se trouva en face d'une porte vitrée qui donnait sur l'extérieur. Soudainement, j'aperçus le monde du dehors. Oh, je n'en voyais qu'une infime parcelle : seulement une sorte de cour carrée, pavée de dalles grises... Mais, au centre de cette cour, se trouvait un animal magnifique qui, selon ce que j'avais entendu dire autour de moi, ne pouvait être qu'une jument.

J'étais malheureusement un peu myope et ma vision n'était pas très nette à cette distance, mais

---

1. Galop à gauche : un cheval qui galope envoie en avant soit son pied droit, soit son pied gauche.

je distinguais quand même très bien sa silhouette car je la voyais de profil. Dieu qu'elle était belle ! Son encolure, son poitrail, la ligne de son échine et de sa croupe : elle n'était faite que de courbes parfaites et gracieuses. Elle se tenait absolument immobile sur les quatre colonnes de ses membres fins. Même sa queue n'avait pas un frémissement. Le chanfrein[1] légèrement relevé, elle regardait droit devant elle, les oreilles fièrement pointées vers l'avant.

D'une seconde à l'autre, elle allait se mettre en mouvement, j'en étais certain. Je le souhaitais de toutes mes forces, tant je voulais la voir se déplacer, mais je le redoutais aussi, effrayé qu'elle ne quittât le champ étroit de mon regard.

Cette adorable vision ne dura que quelques minutes car, presque aussitôt, des mains m'empoignèrent et me remirent à ma place habituelle. De nouveau, je n'eus plus sous mon œil que l'un des murs du laboratoire.

---

1. Chanfrein : ligne du profil d'un cheval qui va du front aux naseaux.

Alors, ne pouvant plus voir cet être merveilleux, et bien que mon cerveau ne fût pas construit pour cela, je me mis à l'imaginer. Je la voyais avancer, majestueuse, dans des paysages de lumière. J'entendais le bruit régulier de son pas, je voyais les crins de sa queue et de sa crinière flotter dans le vent, je sentais le souffle chaud de ses naseaux et la douceur de sa robe. Je rêvais, je rêvais...

Mais plus je pensais à elle, plus je l'imaginais, gracieuse et libre, plus je souffrais de n'être qu'une mécanique, techniquement parfaite certes, mais informe et froide. Pourtant il était bon de rêver, car lorsque je songeais à celle que j'appelais secrètement Ma Pouliche, je sentais battre quelque chose de doux au plus profond de mes circuits électriques : comme si j'avais... un cœur.

Combien de temps dura ce rêve ? Je ne saurais le dire car le temps qui passe ne signifie pas grand-chose pour moi. Un matin, cependant, il fut obscurci par un petit incident. Deux cavaliers, après m'avoir fait faire quelques exercices, discutaient près de la fenêtre. Ils parlaient d'un troisième cavalier et, à leur habitude, ils n'en disaient pas que du bien.

– Il ne tiendra jamais correctement en selle, affirmait l'un. Même Perceval lui fait peur. Il lui faudrait un cheval de bois.

– Vous avez raison, répondit l'autre. (Et en riant il montra du doigt l'extérieur :) Tiens ! On pourrait lui proposer de monter celui-là ! Il n'est pas en bois, mais c'est tout comme...

Je fis appel à tous mes moyens intellectuels, cherchant au plus profond de mes connaissances, mais je ne parvins pas à comprendre ce qu'ils avaient voulu dire. Malgré tout, le doute s'infiltra en moi et je n'éprouvais plus le même bonheur en pensant à Ma Pouliche. Car, j'en étais certain, c'est bien elle dont ils avaient parlé. Le rire de ces hommes avait détruit quelque chose.

Et puis, le rêve se brisa pour de bon. On déplaça de nouveau mon cerveau et je me trouvai une fois encore face à la porte vitrée. Dieu des chevaux, faites qu'elle soit là ! Que le hasard l'amène de nouveau dans cette cour ! Que je la voie quelques instants encore !

Elle était là. Exactement à l'endroit où je l'avais vue la première fois, exactement dans la même position, regardant dans la même direction. Je la fixais intensément, désirant de tout mon cœur saisir un frémissement de ses oreilles, un tressaillement de sa peau, un souffle de vent dans ses crins... Rien ! Désespérément rien !

Alors le rire des hommes prit un sens et la vérité me frappa comme une pierre. Moi, le robot le plus intelligent, le plus agile et le plus laid de ce monde, j'étais tombé amoureux d'une statue ; une statue merveilleusement belle, mais inanimée et sans âme.

Maintenant que vous avez lu ces lignes, si un jour vous traversez la cour d'honneur de l'École, arrêtez-vous un instant devant la grande cavale de bronze qu'un sculpteur a un jour fabriquée. Vous pourrez lui dire qu'elle est belle ; mais elle ne vous entendra pas.

Si vous venez me rendre visite, je voudrais que vous ne souriiez pas à la vue de ma silhouette désarticulée et ridicule. Et surtout ne dites rien. Je sais que je ne suis pas un cheval, je le sais. Et pourtant...

LA CHEVAUCHÉE D'ALEXANDRE VERS LE IVe SIÈCLE AV. J.-C.

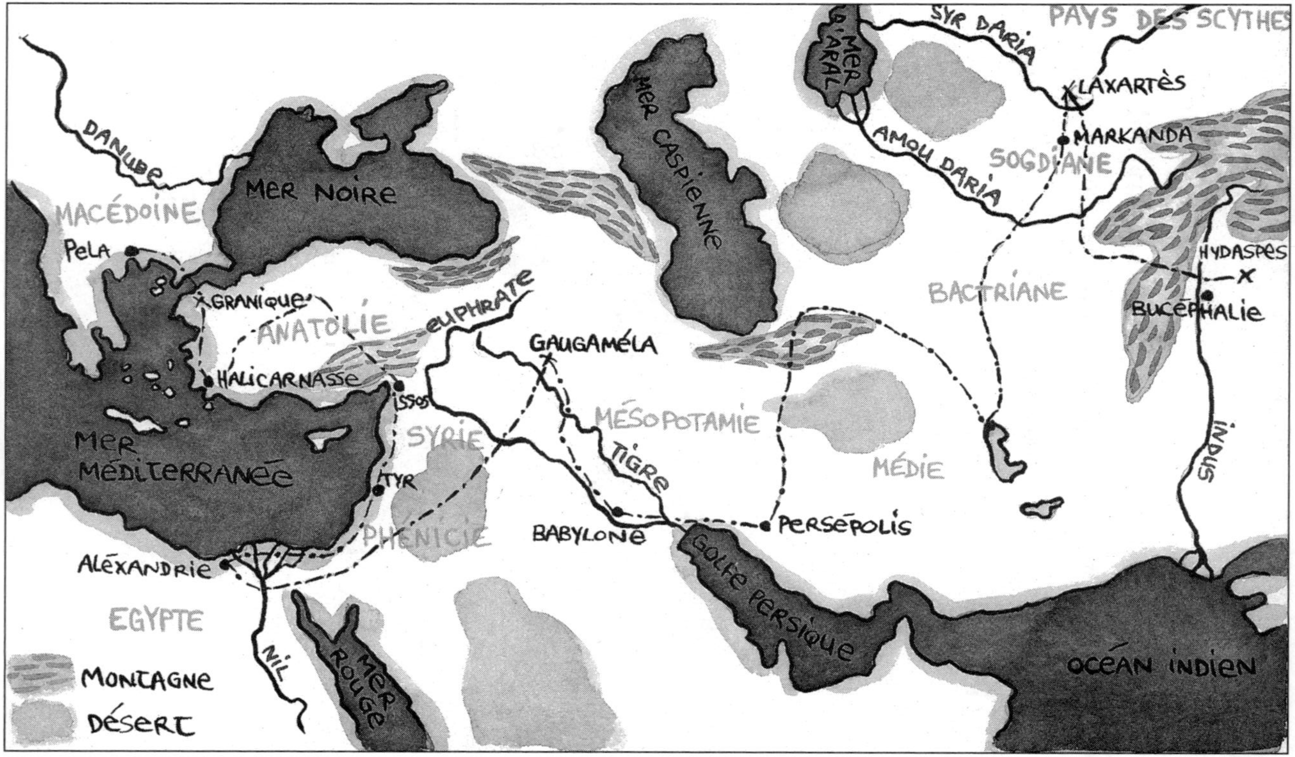

POSTFACE

Bon gré, mal gré, l'homme partage la planète avec les animaux, sauvages ou domestiqués. Les premiers, il s'en arrange comme il peut. Selon les cas, il les admire ou il les craint. Au pire, il les chasse ou les enferme dans des zoos. Avec les seconds, c'est bien différent. Il se dit leur maître et, à ce titre, il les aime, les utilise et parfois les martyrise.

L'un d'entre eux malgré tout a contraint les humains à un sentiment qu'en principe ils réservent à leurs semblables : le respect. Et cet animal-là s'appelle Cheval.

Il y a des millions de chevaux sur la terre et leur aventure commune avec l'homme dure depuis des milliers d'années. Comme pour les êtres humains, l'histoire de la vie de l'immense majorité d'entre eux restera inconnue, oubliée à tout jamais. Quelques-uns cependant ont marqué la trace de leurs sabots dans le sable de l'histoire.

Dans les récits que vous venez de lire, l'homme est présent partout car on ne peut pas aisément se débarrasser de lui. Il est le cavalier, l'homme à cheval, et il fait tellement cas de lui-même que trop souvent on a oublié sa monture.

Alexandre le Grand a conquis l'Orient. C'est exact. Mais c'est BUCÉPHALE qui a dévoré l'espace de son galop et qui, en mourant sur la rive d'un fleuve de l'Inde, a décidé que tout s'arrêterait là.

Caligula fut, parmi les empereurs romains, l'un des plus cruels. En vérité, qui fut le monstre ? Lui ou INCITATUS dont l'œil dictait la vie ou la mort ? Quoi qu'il en soit, comme Bucéphale, il est un personnage de l'Antiquité et a laissé son nom dans les livres d'histoire.

Charlemagne a vaincu les frères Aymon qui lui tenaient tête. BAYART, le cheval merveilleux, a échappé à sa vengeance et hante peut-être encore les forêts de l'Ardenne.

La gloire de Cortés, l'orgueilleux Conquistador, s'est égarée dans les forêts vierges d'Amérique, MORZILLO, son compagnon abandonné, est devenu un dieu indien. Bayart et lui doivent beaucoup à la légende, mais chacun sait que derrière une légende se cache toujours un peu de vérité.

Les rêves de chevalerie ont rendu fou le pauvre Don Quichotte, mais la folie de ROSSINANTE, son destrier famélique, est encore plus chevaleresque que la sienne.

Lord Godolphin était, certainement, très fier de son nom. C'est pourtant GODOLPHIN ARABIAN, un cheval, qui l'a transmis à la postérité. Tous les pur-sang anglais gardent dans leurs veines le courage et la noblesse de leur ancêtre arabe.

Turpin, le détrousseur de diligences, finit pendu ; BLACK BESS, la jument de la nuit, a galopé longtemps après sur les grands chemins. Ces deux-là sont des personnages de roman. Toutefois, leurs aventures ont été lues et relues par tant de lecteurs que leurs noms ne seront jamais oubliés.

Qui fut le héros de la bataille d'Eylau ? Le Vicomte de Marbot ou cette teigne de Lisette ? Bien sûr, dans ses *Mémoires*, son cavalier parle beaucoup plus de lui-même que de sa compagne, mais, pendant quelques pages, le nom d'un cheval se mêle à ceux des grands maréchaux de l'Empire.

Le Soldat inconnu dort sous l'Arc de triomphe, à Paris. Il n'y a pas de monument pour les chevaux morts à la bataille, pour Jules et pour César. Ne cherchez pas leurs noms dans l'histoire de la Grande Guerre. J'avoue que je les ai inventés. Ils n'en représentent pas moins les milliers de chevaux que les hommes ont sacrifiés sur leurs champs de bataille.

Les hommes sélectionnent, dressent, entraînent et font courir les chevaux. Aucun d'eux ne pourra s'approprier la gloire de Red Rum, le triple champion de Liverpool.

Lorsque des terroristes enlèvent des êtres humains, ils sont détestables, quelles que soient leurs raisons. Lorsqu'ils enlèvent et font souffrir un cheval, ils sont méprisables. N'oubliez pas SHERGAR.

Red Rum, Shergar, deux célébrités dont les noms, il n'y a pas si longtemps, ont occupé les premières pages des journaux.

Non contents d'avoir domestiqué les chevaux, les hommes peuvent maintenant en fabriquer. Et ils ne savent rien de ce qui tourmente le cœur électronique de PERCEVAL. Certains diront qu'il n'est qu'une machine. Depuis que je l'ai vu, je préfère penser que, lui aussi, est un cheval.

L'alliance entre l'homme et le cheval est vieille comme le monde. C'est un peu comme si, il y a longtemps, bien longtemps, un pacte les avait réunis, les avait faits égaux. Un pacte que nous ne devons pas oublier. Voilà pourquoi il ne suffit pas de fréquenter les chevaux, de les nourrir, de les trouver beaux, ni même de les aimer. Il faut reconnaître leur dignité. C'est pour cette raison que j'ai voulu conter l'histoire de certains d'entre eux. Sans aucun doute, il en existe beaucoup d'autres qui me sont inconnus et dont vous pourrez me parler à votre tour.

CONTES ET RÉCITS : FICTIONS ET RÉALITÉS

	Éléments historiques	Éléments littéraires	Éléments imaginaires
BUCÉPHALE	La conquête de l'Empire perse par Alexandre, son itinéraire et ses batailles sont attestés. L'existence de Bucéphale, la manière dont Alexandre l'a apprivoisé, son enlèvement en Hyrcanie sont considérés comme réels. Alexandre a réellement fondé Bucéphalie, dans l'actuel Pakistan.		Les circonstances de la restitution de Bucéphale en Hyrcanie, celles de sa mort sont extrapolées. La peur qu'il avait de son ombre est devenue de la fierté. Son rôle militaire est fortement magnifié.
INCITATUS	Le règne de Caligula est bien connu. Les événements tels que le pont sur la baie et l'invasion manquée de la Bretagne sont relatés par Suétone. Incitatus a existé, son écurie est célèbre ainsi que l'importance excessive que lui donnait Caligula. Drusilla était sa sœur et Cherea a été l'instigateur et un des participants de l'assassinat de Caligula.		Incitatus n'avait sans doute pas les yeux vairons et Caligula subissait bien d'autres influences néfastes (*cf.* A. Camus). Les circonstances de la mort du cheval sont pure fiction.
BAYART	Charlemagne a été sacré empereur en 800. Les règles de la chevalerie féodale sont formellement établies.	Les péripéties de l'action sont reprises de la chanson de geste *Renaut de Montauban* (XIIIe siècle).	Renaut ne meurt pas à Jérusalem mais comme un saint homme à Paris, dix ans après son retour. Ses frères ne se firent pas moines et Charlemagne leur restitua leurs terres.
MORZILLO	La conquête du Mexique, l'expédition au Honduras sont historiques. Les Itzas et la ville de Tayasal sont cités par Cortés lui-même ainsi que Morzillo son cheval. Le conquistador est bien mort dans la disgrâce et l'oubli.	Dans les légendes indiennes d'Amérique Centrale, on trouve celle de Tziminchec, le dieu cheval. Son assimilation à Morzillo est une hypothèse.	Le descriptif de Tayasal et les circonstances du passage de Cortés sont reconstitués. L'existence du fantôme sur le lac reste à démontrer.
ROSSINANTE	Cervantes est né en Espagne en 1547 et y est mort en 1616. Il a publié la première partie de *Don Quichotte* en 1605.	Les personnages, l'épisode des moulins à vent sont adaptés du roman. Le motif du livre est bien de tourner la chevalerie en dérision.	Les relations entre Rossinante et Grison, leurs discours sont empruntés à Don Quichotte et à Sancho Pança. Cervantes ne donne pas de nom à l'âne.

Godolphin Arabian	Sham est réellement un étalon de race Barbe, fondateur accidentel de la lignée des PSA (Pur Sang Anglais).	Sa destinée mouvementée a inspiré une longue nouvelle à Eugène Sue (1804 - 1857).	Seules ont été conservées quelques-unes des multiples péripéties de Sham.
Black Bess	La vie et la mort de Dick Turpin sont attestées. La chevauchée de Londres à York, le procès sont réels. Le cheval aussi.	Harrison Ainsworth, dans *Rook Wood* (1834), a accentué le caractère romantique du bandit ainsi que sa complicité avec le cheval.	Dick Turpin n'a pas été démasqué par une jeune fille mais en réalité trahi par un complice. Black Bess poursuivant l'œuvre de son maître est une supposition.
Lisette	L'épisode du combat du 112e de ligne au cimetière d'Eylau est un fait marquant de la bataille. Marbot y était aide de camp et y a bien été blessé.	Selon Marbot (*Mémoires*), Lisette aurait tué ou blessé au moins quatre soldats ennemis dont un officier.	Le tempérament fougueux de Lisette a été accentué. Marbot ne dit pas qui les a secourus, lui et sa jument, après leur chute. La retraite de Lisette est possible. On peut douter de son influence sur la rédaction des *Mémoires*.
Jules et Cesar	La réquisition, l'immatriculation des chevaux en 1914 sont des faits historiques. Pratiquement toute l'artillerie légère était attelée.	Pour le travail des chevaux à la mine, voir *Germinal* d'Émile Zola.	Jules et César sont des cas d'espèce. L'association de leurs noms va de soi.
Red Rum	Les personnages, les dates, les faits et les lieux sont véridiques. Le site Internet d'Aintree consacre l'équivalent de 20 pages à Red Rum.		Le narrateur et sa rencontre avec le jockey sont imaginaires. Le déroulement de la course est une reconstitution et la scène finale telle qu'on aimerait qu'elle fût.
Shergar	L'enlèvement de Shergar, ses circonstances et l'implication de l'IRA sont attestés par les journaux de l'époque.		Les noms de l'inspecteur et de l'entraîneur sont empruntés à d'autres personnes. Les négociations avec l'IRA ont été beaucoup plus complexes. Le dénouement est certainement moins romantique.
Perceval	Le robot existe en deux exemplaires. Le second se trouve à Chantilly, à l'école des jockeys. La statue est érigée au centre de la cour d'honneur de l'ENE à Saumur.		L'intelligence et les sentiments prêtés au robot sont malheureusement peu vraisemblables.

BIBLIOGRAPHIE

BUCÉPHALE : *Alexandre le Grand,* Roger Caratini, Hachette Littérature.

Alexandre le Grand, Maurice Druon, Éd. Rencontres, Lausanne.

INCITATUS : *La Vie des douze Césars*, Suétone, Livre de poche, 1963.

Moi, Caligula Empereur, Michel Sauquet, Casterman, 1988.

BAYART : *Les Quatre Frères Aymon ou Renaud de Montauban*, Jean Subrenat, Gallimard.

MORZILLO : *La Conquête du Mexique*, Hernan Cortés, coll. La Découverte, Maspero.

Conquête et exploitation des Nouveaux Mondes, Pierre Chaunu, 1969.

ROSSINANTE : *Don Quichotte*, Cervantes, Folio classique.

GODOLPHIN ARABIAN : *Godolphin Arabian*, Eugène Sue, « Le cheval », coll. Omnibus.

BLACK BESS : *Rook Wood*, Harrison Ainsworth, 1834. *Encyclopédie Britannica*, tome XVIII (R 68 2b). *The True Story of Dick Turpin*, Kenneth Phillips, Abbey Dene publication.

LISETTE : *Mémoires*, Baron de Marbot (marbot-eylau.htm).

Chevaux et équitation, Jean François Ballereau-Bertrand de Perthuis, Nathan.

JULES et CÉSAR : *Les Poilus*, Pierre Miquel, coll. Terre humaine, Plon.

RED RUM : aintree.com.uk

SHERGAR : *The Times*, 1983.

The Informer, Sean O'Callaghan, Bantam Press.

PERCEVAL : avec l'aimable autorisation de l'ENE (École nationale d'équitation, Saumur).

Patrick Galloux et le professeur Geouffroy sont les concepteurs de Perceval.

Christian Renonciac est le créateur de la statue équine située dans la cour d'honneur de l'ENE.

Table des matières

Pierre Davy

J'ai vécu longtemps dans une île, sous les tropiques. J'y ai appris le soleil, la mer et le vent, et j'ai passé des heures en leur compagnie sur une planche à voile. Je ne suis pas devenu un champion, mais j'aimais cela.

Puis il a fallu partir, revenir sur les terres froides, au milieu des arbres et des prairies. Qu'aurais-je pu y faire d'une planche à voile ? Je l'ai donc léguée à un ami qui demeurait là-bas. Il a ouvert une malle et en a retiré une selle de cheval. Il avait été, des années auparavant, un très bon cavalier.

– Je te la donne, m'a-t-il dit.

– Mais, je ne sais pas monter à cheval !

– Tu apprendras.

Une selle est davantage qu'un objet. Le cuir dont elle est habillée, ses formes, son odeur en font une œuvre d'art. Je l'ai emportée avec moi et installée dans mon bureau. Je la regardais, la touchais souvent. Elle semblait me dire : « Regarde, je suis là, bêtement posée sur ce chevalet, inutile. Allez, courage ! »

Il est vrai qu'il faut du courage pour apprendre à monter à cheval lorsqu'on n'est plus très jeune. J'ai vite su que les grands concours hippiques ne seraient jamais à ma portée. Mais j'ai rencontré les chevaux.

Les premiers que j'ai fréquentés étaient évidemment des chevaux d'école, un peu indifférents, un peu las de leur métier. Pourtant, ils étaient sans malice et surtout d'une patience, d'une tolérance étonnantes pour mes maladresses et mes erreurs.

Plus tard, j'ai eu mes chevaux. Au début, j'ai trouvé qu'ils étaient exigeants, pas assez reconnaissants des soins que je leur prodiguais et nos relations n'ont pas toujours été faciles. J'ai dû admettre que je ne serais leur maître que s'ils le voulaient bien. Au fil des jours, j'ai gagné leur confiance et ils m'ont donné leur amitié.

Tivoli a maintenant seize ans. C'est un selle français, à la robe bai-brun et aux crins noirs. Il est grand et puissant, appliqué et sérieux au travail. Si on le brusque, il peut se montrer ombrageux, mais une caresse, quelques mots chuchotés à l'oreille lui rendent toute sa bonne volonté.

Touquet a le même âge, cependant son caractère impatient et sa bonne humeur le font paraître plus jeune. C'est un anglo-arabe alezan, qui se souvient encore des compétitions qu'il a remportées.

Tivoli est de nature plutôt taciturne, Touquet cherche toutes les occasions de s'amuser. Ils ne se ressemblent absolument pas et sont les meilleurs amis du monde. Il existe entre eux une forme de complicité dont, à ce qu'il me semble, les humains font parfois les frais.

Vous n'allez sans doute pas me croire, mais, un matin, il y a quelque temps déjà, nous rentrions, Claude et moi, d'une assez longue promenade en forêt. Nous allions au pas, côte à côte, en silence, et j'ai bien cru saisir cette conversation muette entre les deux chevaux :

TIVOLI. – Qu'est-ce que tu penses de cette balade ?

TOUQUET. – Pas mal. Mais on pourrait de temps en temps changer de parcours. Nous sommes déjà passés par là des dizaines de fois.

Tivoli. – Ils aiment leurs habitudes. Elle monte correctement ?

Touquet. – Au pas et au trot, ça va. Au galop, l'assiette est moins bonne, alors ça se ressent dans les rênes, forcément. Et lui ?

Tivoli. – C'est la même chose. Au petit galop, il fait n'importe quoi avec ses jambes : ça m'oblige à changer de pied constamment. Je suis sensible à cela, comme tu sais.

Touquet. – Oui, tu as fait une belle carrière de dressage. Ça ne te manque pas ?

Tivoli. – Un peu, si. Il m'arrive de rêver d'une bonne diagonale en appuyer, ou d'un reculer bien en ligne. Mais tout cela est bien au-dessus de ses compétences. Et toi, le saut d'obstacle, pas de regrets ?

Touquet. – Ça m'arrive. Tu as vu tout à l'heure, la barrière en travers du chemin ? Elle n'avait qu'un mot à dire : trois foulées d'appel et je te passais cela en souplesse. Mais on a contourné, comme d'habitude...

Tivoli. – Pourquoi trois foulées d'appel ?

Touquet. – Ah, parce que, dans une ligne droite – en courbe ce serait différent bien entendu –, si tu prends ton appel...

À partir de cet instant, la discussion est devenue trop technique pour moi et j'en ai perdu le fil. Mais ce jour-là, j'ai compris que j'avais encore beaucoup à apprendre.

Peggy Adam

« QUI VEUT UN CHEVAL SANS DÉFAUT DOIT ALLER À PIED »

Réalisation de la maquette :
Fabienne Vérin - ÉQUILIBRE Multimédia à Entraigues sur la Sorgue (84)
Cartographie : Peggy Adam

N° d'éditeur : 10083219 (I) 7.OSB. 90°
Dépôt légal : janvier 2002